Daniel Meurois

Maria-Magdalena
Das wahre Evangelium

AF546749

Daniel Meurois

# MARIA MAGDALENA

## DAS WAHRE EVANGELIUM

Aus dem Französischen von Dr. Gerhild Schulz

SILBERSCHNUR VERLAG

Alle Rechte vorbehalten.
Außer zum Zwecke kurzer Zitate für Buchrezensionen darf kein Teil dieses Buches ohne schriftliche Genehmigung durch den Verlag nachproduziert, als Daten gespeichert oder in irgendeiner Form oder durch irgendein anderes Medium verwendet bzw. in einer anderen Form der Bindung oder mit einem anderen Titelblatt als dem der Erstveröffentlichung in Umlauf gebracht werden. Auch Wiederverkäufern darf es nicht zu anderen Bedingungen als diesen weitergegeben werden.

Copyright der Originalausgabe © by Daniel Meurois; Titel der Originalausgabe:
»L'Évangile de Marie-Madeleine ... selon le Livre du Temps«,
© Éditions Le Perséa 1999, Éditions le Passe-Monde erstes Quartal 2015

Veröffentlicht in Partnerschaft mit Maurice Baldensperger und Francis Hoffmann GbR »Publish Vision«; info@publishvision.de, www.publishvision.de

Copyright der deutschen Ausgabe © 2020 Verlag »Die Silberschnur« GmbH

ISBN: 978-3-89845-640-1

1. Auflage 2020 2. Auflage 2021 3. Auflage 2026

Übersetzung: Dr. Gerhild Schulz
Umschlaggestaltung & Satz: XPresentation, Güllesheim; unter Verwendung eines Motivs von © Marie Johanne Croteau-Meurois
Druck: Finidr, s.r.o. Cesky Tesin

Dieses Buch
sei insbesondere
Martine und Charlotte
gewidmet

# Inhaltsverzeichnis

Bevor wir uns in die Vergangenheit vertiefen 9

Im Wandel der Zeiten ... *Erste Etappe* 19

Das Evangelium nach Maria-Magdalena *rekonstruiert nach dem 'Buch der Zeit'* 35

Einladung 73

Erste Bewegung, *Der Abstieg* 77
Der ursprüngliche Traum - Das Spiel und die Spiele - Die Rolle des Trennenden - Das Spiel des Männlichen und Weiblichen - Worin besteht 'der Fehltritt'? - Die ursprüngliche 'Untreue' - Rebellion und Revolten - Kranke und Sterbende

Im Wandel der Zeiten ... *Zweite Etappe* 95

Zweite Bewegung, *Stagnation* 103
Das Vergessen - Vergessen verschafft Sicherheit - Die Opferrolle einnehmen - Die Schwäche - Von der Materie lernen - Die Natur bringt uns wieder ins Gleichgewicht - Drei Stadien der geistigen Entwicklung

Im Wandel der Zeiten ... *Dritte Etappe* 121

Dritte Bewegung, *Der Wiederaufstieg* 129

Die Kunst, um Hilfe zu bitten - Mut - Sehen und Lauschen, Vision und inneres Ohr - Träumen und fantasieren - Hohe Anforderungen - Der Wille - Von Vertrauen, Loslassen und Freude - Vom Mysterium des Nous - Wem soll man folgen? - Von der Frau, die unseren Einweihungsweg befördert, zum inneren Christus - Der Menschensohn - Vom Inneren und Äußeren - Die Falle des Narzissmus - Angst vor dem Neuen, ein uralter Abwehrmechanismus - Eine gewisse Stille - Der Quantensprung

Im Wandel der Zeiten ... *Vierte Etappe* 181

Ein Blick auf die 'Liebste' 189

*Waren Jesus und Maria-Magdalena ... ein Sonnenpaar?*

Ein freier Geist - Die Beziehung zwischen Lehrer und Schüler

Über den Autor 201

# Bevor wir uns in die Vergangenheit vertiefen

Alles begann damit, dass mir eines Tages eine Freundin ein Buch gab.

› Kennst du das?, fragte sie.

Nein, ich hatte es nicht gelesen, nur flüchtig davon gehört. Es war die Übersetzung eines Textes, der etwa im Jahre 150 nach Christus entstanden sein musste. Er war in koptischer Sprache verfasst und trug den Titel: "Das Evangelium nach Maria-Magdalena".

Ich wusste zwar, dass es irgendwo ein Schriftstück gab, das Myriam von Magdala zugeschrieben wurde, also Maria-Magdalena, doch das war auch schon alles. Mich damit zu beschäftigen hatte sich nie ergeben. Wie viele andere auch, hatte ich einst ein wenig in den Apokryphen gelesen - so im Evangelium des Thomas und Philippus, mehr nicht. Doch das war auch schon alles. Diese Lektüre hatte nicht gerade mein Leben umgekrempelt. Ich hatte mich lediglich einige

Stunden von ein paar Seiten fesseln lassen, die alles andere als kanonisch waren. Genau genommen waren sie sogar ziemlich häretisch, zuweilen geradezu verrucht.

› Möchtest du es dir einmal ansehen?, fuhr meine Freundin fort und hielt mir das Buch hin. Ich nahm den Text mit und vertiefte mich in ihn. Er faszinierte mich durchaus. Das Traurige war nur, dass viele Seiten des Evangeliums fehlten. Sie existierten nicht mehr, waren vermutlich im Laufe der Zeit verloren gegangen oder zerstört worden. Es gab auch einen hochgelehrten Kommentar dazu. Er war ziemlich schwer, den meisten Menschen wohl gar unzugänglich. Ich nahm ihn, wie er war und betrachtete ihn mit Respekt - denn mir war klar, wie viel Arbeit darin steckte. Dann legte ich das Werk wieder beiseite.

Doch die Frau, die es mir geliehen hatte, kam wieder.

› Ich weiß, es fehlen einige Seiten des Originalmanuskripts. Könntest du sie vielleicht ... rekonstruieren? Und wärst du vielleicht auch bereit ... das Werk für uns auszulegen, so wie du es verstehst?

Ich muss zugeben, dass ich ihren Vorschlag zunächst für einen Scherz hielt und dachte, sie wolle mich im Spaß herausfordern - ohne dass es irgendwelche Folgen haben würde. Doch seltsam, zugleich reizte mich die Idee. Vielleicht wollte mir das Leben ja ein Zeichen geben ... das Schicksal mir die Hand reichen? Immerhin wäre es ein wunderbares Abenteuer, wieder einmal die Vergangenheit zu befragen ... diesmal auf ganz andere Weise!

› Warum eigentlich nicht?, gab ich zur Antwort. So eine Aufgabe habe ich noch nie übernommen, aber wenn es so sein soll ...

Während ich diese Worte sagte ... noch ohne zu wissen, ob Weisheit oder Wahn aus mir sprachen, Leichtsinn oder Stolz, bemerkte ich, wie ein Teil meiner selbst bereits begann, sich in unsere Vergangenheit zu versenken.

Seitdem ist über ein Jahr vergangen. Der Traum ist Wirklichkeit geworden.

Achtzehn Seiten aus dem Text eines Evangeliums sind aus meiner Feder geflossen. Sie aufzuschreiben dauerte nur wenige Stunden und ich musste kaum etwas korrigieren.

Oh, das geschah natürlich nicht von selbst. Zuerst musste ich nach meiner bereits häufig beschriebenen Methode daran arbeiten.[1] Dabei habe ich mein Bewusstsein aus meinem Körper heraustreten lassen, mich dem Gedächtnis der Zeit hingegeben und mich dem Film überlassen, den man Akasha-Chronik nennt.

Dieses Verfahren ist freilich in keiner Weise nachprüfbar, zumindest im Moment noch nicht - ganz im Gegenteil. Mein Vorgehen entspricht also dem eines Mystikers. Muss ich das überhaupt noch erwähnen? Ein Gelehrter bin ich nicht. Altgriechisch habe ich nie gelernt und erst recht nicht Koptisch. Daher bin ich keineswegs ein Exeget, eher schon das Gegenteil: Ein Abenteurer des Geistes oder, wenn man so will, ein Forscher in Bereichen, die gegenwärtig noch ungreifbar erscheinen.

1 Vgl. Essener Visionen sowie Echnaton und der Strahlende Gott, Silberschnur Verlag.

So habe ich mich also mit Feinfühligkeit und dem inneren Instrumentarium, das für eine solche Arbeit erforderlich ist, auf den Weg gemacht, um das faszinierende, geheimnisvolle 'Evangelium nach Maria-Magdalena' zu rekonstruieren.

Es war mir daran gelegen, den Text mithilfe der Methode, die ich nun seit mehr als 25 Jahren anwende, anschaulich in seine Zeit einzubetten und lebendig zu machen - und wirklich hatte ich das Glück, mich in Szenen aus jener Zeit hineinversetzen zu können. Bei dieser Gelegenheit wollte ich ihn auch gleich verständlicher machen, uns unmittelbaren Zugang dazu zu eröffnen. Die große Frage war ja: Was nützt es, einen fast zweitausend Jahre alten Text wieder zum Leben zu erwecken, wenn er uns nicht unmittelbar betrifft, uns in diesem entscheidenden Moment unserer Entwicklung nicht hilft, uns zum Besseren zu wandeln.

Natürlich hätte ich den Text auch so wiederherstellen können, wie er war. Selbst das war bereits eine gehörige Herausforderung. Aber es war mir einfach wichtig, ihn mit Leben zu füllen. Darum habe ich noch ein paar Gedanken hinzugefügt, die ihn weniger abstrakt wirken lassen.

Ihr habt es hier also nicht mit einem 'Kommentar' im strengen Sinne zu tun, denn ich habe mein Beobachtungsfeld, wo es mir sinnvoll erschien, ausgedehnt. Es ist eher eine Art 'Spaziergang' zwischen den angesprochenen Themen ... eine Einladung zur Meditation.

Die Fragen, mit denen ich mich hier beschäftige, beleuchten wichtige Aspekte der Lehre, die Christus den Menschen überbrachte, die ihm nahestanden. Darauf möchte ich hinweisen. [2]

Auch bei dieser Aussage stütze ich mich auf meine ausgedehnten Reisen ins Gedächtnis der Zeit. Mir ist bewusst, wie 'modern' dieses Vorgehen wirken mag, wie schwer es mit den bekannten, althergebrachten Texten in Einklang zu bringen ist.

Meines Wissens gibt es nur zwei oder drei Übersetzungen des 'Evangeliums nach Maria' ins Französische. Sie gehen wohl alle auf das koptische Manuskript zurück, das seit 1896 im Ägyptischen Museum der Staatlichen Museen zu Berlin liegt.

Von diesen Übersetzungen unterscheidet sich meine Arbeit radikal. Zum einen ist sie eine Wiederherstellung des gesamten Textes. Zum anderen basiert sie auf der Vision eines altgriechischen Manuskripts. Ich habe keine Ahnung, ob diese allererste Fassung noch irgendwo an einem unbekannten Ort verborgen ruht, bin mir aber sicher, dass die koptische Variante, die wir kennen, eine spätere, abgeänderte Abschrift ist. Das geht zumindest ganz deutlich aus meinen verschiedenen Lektüren der Akasha-Chronik hervor.

Die Seiten dieses Evangeliums sind mir im Rahmen meiner außerkörperlichen Wahrnehmungen erschienen. Sie waren in griechischen Buchstaben mit schwarzer Tinte auf Pergament geschrieben.

---

2 Ich denke dabei nicht nur an die zwölf offiziellen Jünger, sondern auch an den Kreis der Hundertacht.
Vgl. Essener Erinnerungen, von Daniel Meurois, Silberschnur Verlag.

Da ich stets in einem erweiterten Bewusstseinszustand in das 'Buch der Zeit' eintauche, war das Problem der Übersetzung leicht zu lösen. Die vorliegende Version des Evangeliums ist natürlich in der Sprache geschrieben, derer ich heute mächtig bin.

Jede Nachricht, die man empfängt und unmittelbar versteht, sei es nun auf schriftlichem oder telepathischem Wege, läuft durch ein subtiles Dekodierungssystem, das mit der seelischen Reife des Empfängers zusammenhängt. Das muss man sich vor Augen halten.

Freilich hat das stets etwas Subjektives an sich. Doch das gilt auch für jede andere Übersetzung. Ein Übersetzer arbeitet immer mit seinem Wortschatz und überträgt den Sinn, so wie er ihn versteht. Er ist geprägt von seiner Kultur, vielleicht auch seinen politischen und religiösen Vorstellungen unterworfen.

Vor allem möchte ich ausdrücklich darauf hinweisen, dass die Übersetzung des 'Evangeliums nach Maria-Magdalena', die ich hier vorlege, nicht mit bereits vorhandenen konkurrieren will. Streng genommen ist es auch nicht genau derselbe Text, selbst wenn viele Stellen sehr ähnlich sind. Damit sollte jede mögliche Polemik ausgeräumt sein.

Wie die allermeisten grundlegenden Texte des ursprünglichen Christentums, ist auch dieses Evangelium natürlich mehrfach überarbeitet und von Vertretern verschiedenster religiöser Strömungen umgeschrieben worden. Warum? Nun, weil der Wille, aktuelle Machtbefugnisse zu festigen und auf persönliche Belange Rücksicht zu nehmen, stärker war, als das Bedürfnis, einen Text in seiner ursprünglichen Form zu wahren. So musste die Wahrheitsliebe hintanstehen!

Nach der wunderbaren Erfahrung, die ich dank meiner Arbeit machen konnte, sehe ich eines noch klarer als zuvor: Es liegt eine große Gefahr darin, unseren Geist allzu sehr vom geschriebenen Wort gefangen nehmen zu lassen - also von der 'buchstäblichen Wahrheit'.

Ich weiß, das klingt wie ein Gemeinplatz, aber es gibt immer noch Leute, die neuen Ideen mit dem Einwand begegnen: "Das steht nicht in der Bibel." Aber - was ist denn das - 'biblisch'? Was bedeutet es, wenn etwas 'im Evangelium steht', was heißt das denn genau? Nun - diese Frage ist durchaus legitim!

Das Problem ist im Grunde, dass wir so sehr darauf pochen, die 'eigentliche Wahrheit' zu erfahren. Eine weitere Rolle spielt unsere nachhaltige religiöse und spirituelle Prägung. Wenn wir wirklich weiterkommen wollen, dürfen wir uns dieser Einsicht nicht verschließen. Wer allzu sehr auf Buchstabentreue beharrt, verliert dabei leicht aus dem Blick, dass jeder von uns seinen eigenen Weg finden muss.

In diesem Sinne ist ein hohes Maß an innerer Freiheit erforderlich, um sich dem 'Evangelium nach Maria-Magdalena' wirklich öffnen zu können. Der Text wirkt zunächst ziemlich esoterisch - genau wie die anderen Übersetzungen, die davon angefertigt wurden. Man muss ihn also immer wieder lesen - allerdings ohne allzu 'verkopft' heranzugehen. Es ist weniger der Intellekt angesprochen, als unsere Intuition. Sie ist sein eigentliches Wirkungsfeld.

Hinter der oberflächlichen Weisheit der Worte, verbirgt sich etwas viel Tieferes.

Wer sich diesem Text wahrhaft hingibt und sich von ihm durchdringen lässt, wird seinen Sinn alsbald mit dem Herzen erlauschen.

Ich werde wohl dennoch zu hören bekommen, dass mein Vorgehen unwissenschaftlich ist - und damit unglaubwürdig. Nun ja, im strengen Sinne wissenschaftlich ist es wirklich nicht - zumindest nicht wie man dies heute auffasst. Es mag vielleicht ein wenig dreist klingen, aber ich halte mir das sogar zugute. Schließlich hat die Wissenschaft unsere Zeit auf ähnlich gebieterische Weise im Griff, wie einstige Epochen von religiösen Dogmen beherrscht wurden. Man mag das bestreiten, aber im kollektiven Unbewussten, sei es nun atheistisch geprägt oder nicht, wird wissenschaftliche Erkenntnis ganz offensichtlich verherrlicht, ja geradezu divinisiert.

Der Zugang zu unmittelbarem Wissen - meinem Arbeitsinstrument - ist gewiss keine Rückkehr zu einer irrationalen Vorgehensweise, ganz im Gegenteil. In der Möglichkeit spontanen Wissens scheint sich mir gerade eine neue Form von Vernunft anzukündigen, nämlich eine Rationalität, die einer erweiterten Auffassung des menschlichen Bewusstseins Raum gibt. Alle Wege des Wissens haben ihren Reichtum und Nutzen.

Wir sollten diese Tatsache endlich einsehen und zu einem Teil unserer Vernunft machen. Es hängt unser Überleben davon ab.

Nehmt also dieses Evangelium hin, so wie es ist. Öffnet eure Herzen, denn es möchte zum Herzen sprechen, das ist seine Mission.

Ich habe es niedergeschrieben, mit gelebten ‘Bildern’ ausgestattet und einigen Kommentaren versehen. Mein einziges Anliegen war dabei, ein von Liebe getragenes, lebendiges Zeugnis abzulegen und zum Nachdenken anzuregen.

# Im Wandel der Zeiten ...

## Erste Etappe

“Unser aller Mutter, darf ich mir erlauben, dich noch einmal zu fragen, was Er dir anvertraut hat und was du von Ihm noch in Erinnerung hast? Meine Gefährten und ich können einfach nicht glauben, dass die Zeit all das auslöscht ...”

Die Frau, an welche diese Worte gerichtet waren, saß auf einer Steinmauer. Sie rieb mit einem Finger ihrer rechten Hand gedankenverloren über eine schadhafte Stelle am groben Stoff ihres weiten, braunen Kleides. Mein Blick blieb an dem langen Schleier hängen, der ihren Kopf und ihre Schultern locker bedeckten. Er war mit den Jahren ganz verwaschen geworden. Einst muss er wohl blau gewesen sein, blau wie der Himmel, der manchmal durch die Blätter durchschimmerte.

“Myriam, meine Schwester”, hob die Stimme wieder an, “sag bitte nicht, dass wir uns umsonst auf die lange Reise gemacht haben ... War es denn Sein Wille, dass keines Seiner Worte erhalten bleiben soll und wir nichts Genaues erfahren? Ich habe dich früher oft an Seiner Seite gesehen. Ich war damals, in Caesarea, noch ein Kind - und doch werde ich nie vergessen, auf welche Weise Er zu uns sprach. Nun, da Er sich von uns zurückgezogen hat, fehlt Er uns ... Die Leute sagen, du habest Ihn gut gekannt und wir sollten Seine Lehren nun aus deinem Munde empfangen."

Der Mann, der diese Worte fieberhaft hervorstieß, hatte sich nicht alleine auf die Reise begeben. Auf dem Boden neben ihm saßen noch drei Begleiter. Die kleine Schar war noch recht jung, keiner mochte älter als 30 Jahre alt sein. Ihr Aussehen stand in scharfem Kontrast zur gebotenen Schlichtheit ihrer Gesprächspartnerin.

Sie trugen alle eine kurze Tunika und große, über den Knöcheln geschnürte Ledersandalen. Sie kamen zweifellos aus wohlhabenden Familien in Palästina.

Endlich blickte die Frau, die Myriam genannt worden war, von dem groben Stoff ihres Kleides auf.

› "Gibt es nicht noch andere, die es euch erzählen könnten?", fragte sie. Ihre Stimme klang zugleich sanft und ein wenig rau.

› "Ja, es gibt viele andere! Aber sie reden nur, oft widersprüchliche Dinge. Wir verstehen sie nicht und sie lehren uns auch nichts ... Weißt du vielleicht, warum Er nichts diktieren wollte? Selbst zu Hause weiß man kaum noch, was Er eigentlich gesagt hat. Darum haben wir uns entschieden, nicht mehr auf das plätschernde Geplapper des Baches zu hören, sondern direkt zur Quelle zu gehen."

› "Die Quelle ..." Myriam lächelte wehmütig, während sie dieses Wort wiederholte. "Wisst ihr, was mit allem geschieht, das aufgeschrieben wird?", fuhr sie fort. "Es gemahnt alsbald an vier Wände mit einem Dach obendrauf – und dann wird es zum Gefängnis, ohne dass man es überhaupt merkt ... Das hat Er uns beigebracht und darum hat Er auch nichts diktiert."

› "Aber wir haben doch gesehen, wie manche in seinem Umfeld etwas notiert haben, am Hafen von Cesarea oder in Kafarnaum. Er hat nichts dagegen unternommen."

› "Er wollte nie etwas verhindern. In seinen Augen genügte es schon, ein Verbot auszusprechen, um die Lust zur Überschreitung auf den Plan zu rufen. Er wusste, dass man den Wind nicht daran hindern kann, zu wehen. Wenn er scheinbar nachlässt, so nur, um erneut loszulegen, wann es ihm beliebt, denn er ist wie das Leben, das überall eindringt, um uns etwas zu lehren."

› "Darum bitten wir dich, sei unser guter Wind! Du bist von nun an unsere Mutter, weil du Ihn in dir trägst. Wir wollen Seine Söhne sein."

Myriam erhob sich, nahm ihren Schleier ab und entfernte sich ein paar Schritte von der Steinmauer. Da sah ich, wie sehr ihr Gesicht bereits von der Zeit gezeichnet war. Ihre Wangen waren eingefallen und sie hatte viele Falten. Dennoch war sie immer noch schön, nur hatte sich die Schönheit nun in den Ausdruck ihrer Augen verlagert und strahlte uns von dort in verdichteter Form entgegen. Ihr Blick war keineswegs gealtert, ganz im Gegenteil. Er war vielsagender und zärtlicher als Myriam selbst ahnte.

Während ich ihr nachblickte, sah ich nicht weit entfernt eine Gruppe von vier oder fünf Frauen und einen Greis. Sie saßen an Bäume gelehnt da und schienen in aller Ruhe Körner zu verlesen, die sie aus einem Korb auf ein großes, viereckiges

Tuch schütteten. Myriam kauerte sich einen Augenblick neben sie und flüsterte ihnen leise etwas zu. Dann ging sie zu einem Fels, legte ihre Hand darauf und ging um ihn herum. Schließlich kam sie zurück und setzte sich wieder auf die Mauer.

"Ich werde euch lehren", sagte sie mit ruhiger, entschiedener Stimme zu den Reisenden. "Aber ihr sollt wissen, dass ich mich nicht mehr an alles erinnere. Eines muss euch nämlich klar sein: Was ich erfahren sollte, ist in meinen Körper übergegangen. Er hat es behalten. Mein ganzer Leib hat gelernt sich zu verwandeln, vor allem meine Augen ... und mein Herz. Was Worte daraus machen können, weiß ich nicht ..."

Über den Gipfeln des kargen Gebirges zog ein neuer Tag herauf. Es war ein frostiger Morgen. Man sah es an dem feinen, weißen Rauch, der aus dem Tal kerzengerade zum Himmel aufstieg ... Dieser war ebenso blau wie tags zuvor.

Myriam stand im Eingang einer großen Felsvertiefung am Hang, wo ein Feuer entfacht war. Daneben standen eine Hütte aus Trockenmauerwerk und ein kleiner Schuppen.[3] Weiter unten in der Schotterebene waren zwischen Gestrüpp ein paar Ziegen zu sehen.

Die jungen Männer aus Caesarea saßen bereits in einer Nische des Höhleneingangs. Myriam setzte sich zu ihnen auf den Boden, der mit Stroh bedeckt war. Mir fiel auf, wie angespannt hitzig und andächtig die Atmosphäre war, beides zugleich ... und ich spürte, dass alle das Gefühl hatten, als

3 Es handelt sich hier natürlich um die Höhle von 'Sainte-Baume' bei Marseille.

würde der Meister selbst sprechen. Ganz gleich was geschehen würde, jetzt zählte nur noch dieser magische Augenblick. Nachdem Myriam sich gesetzt und einen Mantel aus grober Wolle über ihre Schultern gelegt hatte, war es eine ganze Weile still. Dann bekam einer der Männer auf einmal einen heftigen Hustenanfall. Seine Kameraden schauten ihn vorwurfsvoll an. Sie schämten sich zutiefst. Doch Myriam fing an zu lachen.

› "Damit beginnt die Lehre", sagte sie. Die Jünglinge aber begriffen nicht.

"Ja, mit einem Lachen ... denn das Universum ist aus einem Lachen heraus entstanden. Das ist euch neu ... und auch ich wusste es nicht, bevor Er es mir offenbarte."

› "Mit einem Lachen? Kannst du uns das erklären?" Der junge Mann, der recht überrascht nachgefragt hatte, hielt auf seinen Knien Schreibzeug bereit. Er balancierte dort ein leeres Pergamentblatt. Mit der anderen Hand rührte er mithilfe eines biegsamen Stiftes in einem irdenen Napf mit zähflüssiger, schwärzlicher Masse.

› "Aber natürlich ... Geht es nicht wesentlich um Freude und Spiel?", fuhr Myriam fort. "Wenn ihr diesen weiten Weg auf euch genommen habt, so doch weil ihr eine Flamme in euch tragt. Was hat euch hierhergeführt, wenn nicht eine intensive Regung innerer Freude? Darüber habt ihr wahrscheinlich gar nicht nachgedacht ... Man glaubt immer, man wolle etwas wissen. Man möchte verstehen und neue Einsichten bekommen, um dann Frieden in die Welt zu bringen – aber die entscheidende Frage stellt man sich gar nicht! Oftmals gehen wir nicht wirklich in uns. Wir fragen uns nicht, was uns dazu bringt, uns auf die Suche zu machen.

Ich aber sage euch, gemäß den Worten Dessen, der mein Lehrer war: Was uns zu Pilgern und 'Friedenssuchern' macht, ist die Erinnerung an die Freude. Wir tragen sie alle in uns ... selbst in den Abgründen tiefster Trauer, auch wenn es uns nicht immer bewusst ist. Freude ist uns inne, denn sie ist der Lebenshauch, die unauslöschliche Spur des Geistes in uns, ohne den wir gar nicht leben könnten.

Freude, so erfuhr ich, ist die wesentliche Ausdrucksform des Vaters. Sie entzündet die Flamme - im Universum, wie auch in unserem Wesen. In Wahrheit, liebe Freunde, sind wir nämlich Früchte des Spiels, das von dieser Freude getragen wird. Werdet ihr euch daran erinnern?

Seht nur, wie seltsam das alles doch ist ... Ihr seid übers Meer gefahren, habt Berge durchstreift und nun, da ihr mit strenger Miene und ernstem Blick vor mir steht, erzähle ich euch von einem Spiel ... und amüsiere mich darüber, wie steif ihr dasitzt!" Da legte der junge Mann mit dem Schreibzeug seinen Stift beiseite und riskierte ein verschämtes Lächeln. Nun begannen auch die anderen zu lächeln, als hätten sie die Genehmigung dafür erhalten.

› "Unsere Mutter", sagte der Mann mit dem Stift, während er sich anders aufs Stroh hinsetzte, "du überraschst uns schon jetzt. Ich habe in meiner Jugend jahrelang studiert, kann mich aber an keine einzige Überlieferung erinnern, in welcher Freude auf diese Weise zu Wort kommt. Es ist dort stets nur von Verehrung und geneigten Häuptern die Rede. Furcht vor dem Ewigen und Seinen irdischen Vertretern, denen Er die Aufgabe übertragen hat, uns durch Gesetze zu leiten - das hat man uns beigebracht. Kannst du uns sagen, warum?"

› "Weil die alten Schriften eben aus grauer Vorzeit stammen. Wer etwas fürchtet, freut sich nicht an der Gegenwart dessen, das er angeblich verehrt. Er liebt nicht - sondern buckelt. Er vertrocknet innerlich und erhebt letztendlich das Vergessen zum Gesetz. Du fragst mich, was der Meister mir anvertraut hat. Nun, ich will es dir sagen. Er hat mich gelehrt, dass viele Menschen gerne damit spielen, die Zeit in sich erstarren zu lassen. Das übertüncht ihre Ängste. Sie lassen die Zeit nicht fließen wie das Leben. Die Seele eines Menschen hingegen, der sich dem natürlichen Zeitenfluss anschmiegt, altert nicht, sondern verjüngt sich. Sie richtet sich im Voranschreiten immer mehr auf und nähert sich durch all die nervenaufreibenden Spiele im Leben *dem großen Spiel* an. Dadurch erinnert sie sich auch zunehmend an die Freude. Darum zeugt mein Lachen von einer Jugendlichkeit, von der meine Falten zunächst nichts ahnen lassen. Der Meister hat mir beigebracht, mich zu freuen und das Leben zu genießen. Das ist eine Seiner wichtigsten Lehren. Freude löst die Verstrickungen. Sie macht das geschriebene Wort geschmeidiger und rückt es wieder an seinen rechten Platz, denn es ist nur ein Schleier, hinter dem sich das Eigentliche vorübergehend verbirgt."

› "*Wann* aber zerreißt dieser Schleier wieder? Und woher sollen wir wissen, dass es nicht frevelhaft ist, vom Wege der Alten abzuweichen? Hat der Ewige uns denn nicht schon alles gegeben?"

Ein stämmiger junger Mann mit sehr dunklem Teint hatte recht halbherzig gewagt, diese Fragen zu stellen, ohne Myriam anzusehen. Das fiel mir auf.

Sie aber lachte wieder amüsiert, während sie ihren Gesprächspartner mit sanftem Blick umfing.

› "Wann ein Schleier zerreißt? Nun ... wenn einem bewusst wird, dass es sich um einen Schleier handelt! Dann merkt man, dass er in der Mitte ein Loch hat. Er besteht aus unseren Zweifeln, unserer Unzufriedenheit und der Gier, uns zu verjüngen. Wollen wir dieses Loch noch größer machen ... durch weitere Fragen, indem wir starr nach Hoffnung schreien und dabei unbeweglich bleiben ... oder wollen wir endlich durchschlüpfen? Wenn ihr euch in die Leere dieses Loches stürzt, werdet ihr den Schleier einer anderen Wirklichkeit entdecken und erleben, dass ihr eine Form zerstört habt, die nicht ihr selbst wart, die euch eingeengt hat, weil sie eurem eigentlichen Ich nicht entsprach. Sie war nicht einmal der Schatten eures wahren Wesens. Ich sage euch das, weil ich es selbst verstanden habe ... Um einen Schleier zu zerreißen und sich der vermeintlichen Leere dahinter entgegenzustürzen, muss man aus dem inneren Gleichgewicht geraten sein. Man muss diese Erfahrung hinreichend kennen, sie oft genug gemacht haben.

Ihr befindet euch momentan im Zustand des Ungleichgewichtes. Der Meister hat es in euch ausgelöst. Darum seid ihr zu mir gekommen, in der Hoffnung, hier einen neuen Hafen zu finden und ein Boot, das den Fluten standhält.

Nun, meine Freunde, ihr sollt wissen, dass alles, was ihr von mir bekommt, das Gleichgewicht, das aus meiner Stimme und meinem Herzen spricht, nur den Ausblick auf einen weiteren Schleier freilegt. Es kommt also noch mehr Schwindel auf euch zu. Passt genau auf, was ich jetzt sage: Ich bin bereits dabei, diesen neuen Schwindelzustand zu durchqueren und werde seine Saat in alles einstreuen, was ihr von mir aufnehmt und notiert. Freut euch an den Schwindelgefühlen, die euch erfassen. Es ist ein gesegneter Zustand, wenn der Boden unter unseren Füßen wegbricht und sich Abgründe auftun - denn diese Leere ist nichts gemessen an den Räumen, zu denen sie euch hinzieht. Dort herrscht nur Fülle - eine Fülle, die sich dem Unendlichen nähert."

Da räusperte sich der 'Schreiber' in der Gruppe und stellte Myriam eine Frage - diesmal mit einem strahlenden Lächeln auf den Lippen. "Ich glaube, wir beginnen, all das zu begreifen. Mir zumindest leuchtet ein, dass Freude die Kraft ist, die uns fehlt, um den falschen Schein zu durchbrechen und uns dem Ewigen anzunähern - über alle Grenzen hinweg.

Doch wo bleibt die Liebe? Vor ihr hast du noch gar nicht gesprochen. Steht sie denn nicht am Anfang? Ist es nicht Liebe, was uns antreibt ... und bewegen wir uns zugleich nicht gerade auf sie zu?"

› "Wie heißt du?"

› "Levi ..."

› "Gut, so sage mir bitte, Levi ... Was ist denn Liebe?"

Da verschlug es dem jungen Mann die Sprache und das Lächeln gefror auf seinen Lippen. Er fuhr sich durchs Haar und stammelte schüchtern: "Liebe ... aber, Liebe ist doch das, was uns zu guten Menschen macht, was uns hilft 'besser' zu werden ... vielleicht auch, was uns dazu bringt, glücklich zu sein. Ja ... und auch was uns zu dir geführt hat, um etwas über Sein wahres Wort zu erfahren und es weiterzugeben."

› "Ja", sagte Myriam, "ja, das stimmt ... aber all das ist noch immer so menschlich, in einem alltäglichen Sinne, meine ich. Es entspricht menschlichen Bedürfnissen - sagt aber eigentlich noch nicht viel aus. Der Meister möchte uns lehren, darüber hinauszugehen. Er will, dass wir das Wesen der Liebe berühren ... und ihre Wirkung - denn ihr wahres Gesicht zeigt sie erst dort, wo sie wirklich zum Ausdruck kommt. Merkt euch Folgendes, es möge euch so innewerden, wie mir selbst: Liebe entspringt nicht aus Schwäche, sondern aus Willenskraft. Das wird im Zuge unserer Zeit gern übersehen. Wer in der Liebe Labilität oder Schwäche sieht, für den ist sie nur ein Wort, das man nach Belieben gebrauchen und verbiegen kann. In Wahrheit ist Liebe aus Willenskraft gebaut - und eng mit gesundem Urteilsvermögen verbunden. Liebe will bewusst eingesetzt werden. Wer sich unbedacht verströmt, hat anderen nichts zu geben - und besudelt noch das Beste. Wachsamkeit im Sinne echter Aufmerksamkeit lässt beide wachsen - den Gebenden wie den Nehmenden. Sie bringt das in der Gabe verborgene Heilige zum Ausdruck.

Außerdem wurde ich gelehrt, dass eine Liebe, die alles übersteigt, nur gedeiht, wenn man sich jeglichen Urteilens enthält. Nur in Gelassenheit kann sie erblühen. Sie ist kein Stückwerk, erweist sich nicht nur hier und da, wo man sie gerade braucht, sondern kommt erst in ihrer Gesamtheit wahrhaftig zum Ausdruck - nämlich dann, wenn man sie allen entgegenbringt.

Freilich können nicht alle sie annehmen. Etwas annehmen zu können entspricht wiederum einer Kraft, die man hegen und pflegen muss und die erst wenige Menschen ausgebildet haben. Entsprechend klopft die Liebe zwar an alle Türen - schlägt aber niemals eine Türe ein.

Ihre Kraft liegt in ihrer Geduld.

Wahre Liebe bedeutet: Lernen, ein Auge auf dem Bergesgipfel zu sein und zugleich eine Hand im tiefsten Tal. Es heißt rückhaltlos zu lieben ... und doch zurückhalten, was verblendet. Die Faust, die sich zu erheben weiß und das Herz, das nichts als Zärtlichkeit kennt, verschmelzen in ihr."

Da wurde es eine ganze Weile völlig still ... Der Höhleneingang, in dem sie saßen, schien aus dem Zeitenlauf herauszufallen, sich fast schon von der Bergeswelt abzuheben, die zur Kulisse wurde. Myriam stand auf und streichelte eine Ziege, die in der Nähe stand. Es war, als wolle sie den Seelen Luft zum Atmen verschaffen.

Schließlich fasste sich einer der jungen Männer ein Herz und sprach aus, was in ihm vorging:

› "Ich möchte nichts zerreden, was man nur seelisch in sich bewegen kann, aber eine deiner Äußerungen hat mich überrascht. Du hast doch gesagt: "Der Meister möchte uns lehren ..." Wieso sprichst du von Ihm in der Gegenwart? Weilt Er etwa noch unter uns?"

Da wandte sich Myriams leicht gebeugte, von ihrem langen Mantel verhüllte Gestalt, sogleich wieder der Gruppe zu.

› "Darin liegt doch gerade das Geheimnis, das ihr sucht! Habt ihr das noch nicht verstanden? Wenn euch die Sehnsucht nach etwas Vergangenem übers Meer getrieben hat und ihr nur hier seid, um die Worte einer einstigen Kraft aufzuspüren, so seid ihr auf dem Holzweg. Dann könnt ihr ebenso gut nach Caesarea zurückkehren! Der mich gelehrt hat, spricht noch immer zu mir und lehrt mich weiter. Das ist meine Wirklichkeit, die Wirklichkeit, die ich in mich aufgenommen habe - und auf die ihr unbewusst wartet. Wenn ich heute an diesem Ort so zu euch sprechen kann, dann nur, weil Er in mir ist. Wusstet ihr das denn nicht?"

› "Der Meister?"

› "Nein. Sein Blick ... oder vielmehr, Das, was Ihm innewohnt. Er ist menschlich - aber in einem Sinne, den ihr noch nicht fassen könnt. Es geht um jene vollkommene Menschlichkeit, welche überhaupt erst den Sinn des Göttlichen stiftet. Versteht ihr? Für Ihn ist allein Gegenwart von Bedeutung. Merkt euch das gut ... Indem man den Schleier der Gegenwart zur Seite schiebt, legt man den inneren Raum frei, der über die verstreichende Zeit mit all ihrem Leid erhaben ist. Ich sage euch, die Essenz des Meisters und das ewige Leben befinden sich in der Essenz der Gegenwart. Deutlicher kann ich es nicht sagen. Der Meister, den wir kennengelernt haben, ist nur eine Maske, die Er angelegt hat. Und der Weg, den Er uns aufzeigt, führt zu unserem wahren Wesen hinter dem Schleier."

› "Besteht das Geheimnis, das Er dir anvertraut hat, also darin, dass etwas von Ihm noch da ist und in dir lebt? Meinst du das?"

› "Viel mehr als das! Dieses '*etwas* von Ihm' ist auch etwas von mir, von dem ich nichts ahnte ... Und ich sage dir - es ist auch etwas von dir und jedem von euch. Im Grunde ist es das Wesentliche in uns allen. Man nennt es *Er in uns.*"

› "Wie soll ich das nur aufschreiben?", rief da Levi. "Deine Worte verweisen auf Vorstellungen, die es noch gar nicht gibt. Niemand wird uns glauben! Hat Er dir wirklich *das* anvertraut?"

› "Das hat Er mich spüren und leben lassen. Darum werden Worte, die man verwendet, stets nur an diese Atmosphäre erinnern können und uns ihren Duft spüren lassen. Sie taugen nicht dazu, ein Gesetz zu errichten, nicht einmal einen Verhaltenskodex. Sie werden uns lediglich lehren, uns selbst anzusehen - in unserer ursprünglichen Schlichtheit. Von oben, von der Leiter aus, mit der wir die Wirklichkeiten durchquert haben, sollen wir auf uns blicken."

Nun legte Levi sein Schreibzeug auf den Boden ins Stroh und sah Myriam lange an. Er wirkte etwas verlegen.

› "Das verstehe ich nicht so recht ...", sagte er schließlich.

› "Weil du nur mit den Ohren zuhörst, Levi. Mit zwei Ohren kann man vielleicht hören - aber man versteht es nicht. Der Meister hat in mich ... und also auch in euch, den Keim eines ganz anderen Seinsverständnisses gelegt. Dieses öffnet 'das dritte Ohr', nämlich das Ohr des Herzens. Es ermöglicht uns den Zugang zur inneren Wahrnehmung dessen, was Ist. Dann sagt uns die wahre Wirklichkeit, die sich hinter all den vielen Wirklichkeiten verbirgt: 'Es gibt ein Licht in euch und ihr *seid* dieses Licht. Es ist der Teil in euch, der alles überdauert, durch nichts herabgewürdigt werden kann - und stets mit dem Vater verbunden ist.'"

› "Und wer ist dann der Meister, wenn Er uns nur wieder auf uns selbst verweist?"

› "Er erinnert uns daran, in unser Inneres zu blicken und verweist auf die Verschmelzung, die uns allen versprochen ist. Er ist bereits du ... in Dem, was dich erwartet, Levi."

Nun begannen die Männer der kleinen Gruppe miteinander zu sprechen. Myriam ging zum Feuer und schürte es mit ein paar Reisigzweigen an. Da sah ich, wie fern am Horizont die Sonne das Meer erglitzern ließ ... In diesem Moment zog mein Blick sich zurück ... Er verschwand in den Windungen der Zeit, um sich eine Atempause zu gönnen und wurde schließlich anderswohin gerufen. Eine andere Seite unserer gemeinsamen Geschichte wurde aufgeschlagen ...

Da war Sand ... gelber, heißer Sand, wogend wie Wellen im Wind. Ferner sah ich Dünen, die im Fluss verebbten - im Wasser, so weich und so blau. Mein Blick umfing zwei oder drei Papyrusbüschel und stieg dann langsam wieder zum Sand empor, im Rhythmus eines menschlichen Schritts. Nun tauchten in einer Senke Dattelpalmen auf. An ein paar Felsen geschmiegt, die verloren zwischen den Dünen aufragten, erhoben sich schließlich Mauern - sonnenfarben und warm wie der Sand.

Mein Seelenauge ging noch näher heran ...

Das Gebäude war nicht gerade imposant. Durch eine niedrige Tür gelangte man in einen kleinen, abgeschlossenen Bereich, der von zwei unterschiedlichen, gedrungenen Türmen flankiert wurde. Es gab einige Ziegelhütten, die wie Zellen aussahen. Auf einem Feigenbaum gurrte ein Taubenpaar. Die Stille gemahnte an ein Kloster.[4]

Die Außenmauer umschloss mehrere Innenhöfe. In einem von ihnen erhaschte mein Blick einen kleinen, schwarz gekleideten Mann mit buschigen Augenbrauen. Er wirkte sehr asketisch. Mein Bewusstsein drang sogleich in ihn ein ... und so stand 'ich', nachdem ich ein paar Stufen hinabgestiegen war, alsbald an der Schwelle eines rechteckigen, halb unterirdischen Saales. Durch ein winziges Rundbogenfenster drang nur ein schmaler Sonnenstrahl. Im Dämmer saßen ein knappes

4 Es könnte sich hierbei um die ersten Bauwerke des späteren koptischen Simeonsklosters am Nil handeln.

Dutzend Männer auf Matten im Staub der groben Bodenplatten. Es waren ebenfalls Mönche. Einer von ihnen hielt ein Pergament ins Licht, von dem er den anderen stockend etwas vorlas. Da drang mein Gehör in seine Rede ein.

Er legte den Text zu Boden und sprach: “Ich möchte euch daran erinnern, dass einer unserer Brüder uns vor einigen Jahren diese Blätter von seinen Reisen in den Norden mitgebracht hat, ich glaube aus Samarien. Er hat sie wohl von einem Mann bekommen, dessen Vater in Caesarea lebte und den Meister kannte. So sagte er zumindest. Es sind nur ein paar Notizen, das wisst ihr ja, aber sie erscheinen mir zu kostbar, um sie einfach so verkommen zu lassen.”

› “Allerdings stammen sie nicht vom Seligen selbst”, fuhr einer der Mönche, der im Halbschatten stand, dazwischen. “Es sind doch nur Fragen, die dieser ‘Myriam’ gestellt wurden ... wie man sie nannte.”

› “Nun, es sind Fragen, auf welche dieser Text Antworten gibt! Wir wissen ja alle, dass diese Frau Seine geliebte Schülerin war ... Das ist allgemein bekannt. Sie folgte Ihm überall hin. Warum sollten wir ihren Worten keinen Glauben schenken? Soll ich sie euch noch einmal vorlesen? Sollen wir noch weiter darüber sprechen? Findet ihr das notwendig? Seht euch diese Blätter einmal an ... Es ist eine ganz billige Tinte. Sie wird schon in knapp zwei Generationen nicht mehr lesbar sein. Nun gehen wir schon seit Monaten mit dieser Frage um ... Nehmt bitte endlich Stellung dazu! Wer von euch der Meinung ist, dass diese Zeichen in eine verständliche Sprache übertragen und in einen sinnvollen Zusammenhang gebracht werden sollen, hebe die Hand.

Ich sage euch - was wir hier vor uns haben, damit müssen sich die Weisesten von uns beschäftigen. Ich jedenfalls spüre Seine Spur darin - und die ganze Reinheit unseres Glaubens."
Im Halbdunkel hoben sich die Hände der allermeisten. Ich glaube, nur zwei oder drei Männer ließen sie unbeweglich auf ihren Knien oder der Matte liegen. Dann erhob sich ein Gemurmel und ich hörte, wie die Mönche hüstelnd begannen, eine Art Litanei zu rezitieren, die von kurzen Gesangseinlagen unterbrochen war.

Und wieder wurde es Zeit für meine Seelenaugen, sich einem anderen Raum zuzuwenden ... genauer gesagt, mehreren Räumen, denn in meinem Inneren überstürzten sich zahllose Bilder und Szenen: Da war eine Kamelkarawane, die durch eine Steinwüste zog ... Dann wieder Männer, diesmal in weißen Gewändern, die sehr heftig, ja geradezu wütend über ein paar Schriftrollen debattierten, die auf einem kleinen Holztisch lagen. Dann sah ich eine Hand mit einem Pinsel, die gerade auf einem Pergamentpapier Korrekturen vornahm und aufschrieb, was ihr eine autoritäre Stimme diktierte. Ich sah Blicke, die diskutierten und Lippen, die beteten.

Schließlich war da nur noch Sand und Finsternis ... und dann noch mehr Sand und wiederum Finsternis. Vielleicht war es die Düsternis in irgendeiner Höhle oder im Inneren eines Tonkruges, ich weiß es nicht ... Vor allem war es wohl die Finsternis der Stille und der vergehenden Zeit.

# Das Evangelium nach Maria-Magdalena

rekonstruiert nach dem 'Buch der Zeit'

# Blatt 1

1. An jenem Tage waren die Jünger auf einem Bergesgipfel versammelt.
2. Der Meister war schweigend unter ihnen.
3. Und Myriam war bei Ihm.
4. Andreas sagte:
5. "Meister, Dein Schweigen erfüllt uns mit Staunen.
6. Warum hast Du uns zusammengeführt? Hast Du uns heute nichts zu sagen?"
7. Da gab der Lehrer ihnen zur Antwort:
8. "Und ihr, habt ihr mir denn nichts zu sagen?"
9. Warum sollte die Quelle auf die Pilger zugehen?
10. Der Pilger vergisst manchmal, dass er Beine hat und gehen kann.
11. Er vergisst, dass nicht die Straße unter ihm vorüberzieht, sondern sein Geist dem Horizont entgegenstrebt.
12. Fragt, wenn ihr wirklich etwas empfangen wollt.
13. Wenn die Erde Durst hat,

14. So muss sie den Regen zu sich rufen."

15. Da erhob sich unter allen Anwesenden
Simon Petrus und sprach:

16. "Meister, wir folgen Dir jeden Tag
und hören Dir zu.

17. Doch in unserem Herzen herrscht noch
immer Dürre.

18. Tag für Tag hoffen wir auf Ruhe und Freude,

19. Aber sie kommen nicht zu uns.

20. Sag uns, warum.

21. Liegt nicht die Kraft des Ewigen
in Deinen Worten?

22. Je mehr wir Deinen Spuren auf Erden folgen,

23. Desto ängstlicher und verwirrter sind wir.

24. Es mangelt uns noch immer an Wasser."

# Blatt 2

25. Der Meister sah ihn nicht an und sagte:
26. "Worin besteht die Schwäche?"
27. Dann verfiel Er in Schweigen.
28. Simon Petrus sprach weiter:
29. "Dem Ewigen ist Schwäche fremd.
30. Sie ist durch die Ohren in den Menschen geraten."
31. Andreas hob eine Hand und sagte:
32. "Wieso fragst du den Meister, wenn du die Antwort schon weißt?"
33. Da erhob sich der Lehrmeister und sagte:
34. "Auch du weißt - doch er beginnt zu begreifen.
35. Wer verstehen will, um endlich wahrhaftiges Wissen zu erlangen,
36. Versteht, dass er nicht einfach auf meinen Spuren wandeln,

37. Sondern mit seinen eigenen Füßen in meine Fußstapfen treten muss.

38. Denn im Inneren wird er sich finden,

39. Weil sich die verlorene Freude im Inneren befindet.

40. Und im Inneren befindet sich auch

41. Die Pforte zum Äußeren der Welten,

42. Das Äußere, welches das wahre Innere ist.

43. Und so lächelt die Freude jenem, der nicht einfach meine Worte empfängt,

44. Sondern sich in seinem Inneren bewegt."

# Blatt 3

45. Einer der Jünger fragte:
46. “Wie macht man das - sich innerlich zu bewegen?
    Sag es uns bitte!”
47. Da sprach der Meister:
48. “Versetzt euch erst einmal in IHN hinein.
49. Geht nicht in die Bruchstellen.
50. Denn in Wahrheit gibt es keine Grenzen.
51. Nur die Augen schaffen die Grenze,
52. Weil sie das Innere im Äußeren nicht sehen.
53. Nur das Auge schafft die Vereinigung.
54. So könnt ihr euch in IHN hineinversetzen.
55. Das Auge erschafft die Welt,
    aus der die Welten bestehen.
56. Ein Ohr, das hört, erschafft das Auge
    und macht es größer.

57. Auf diese Weise ebnet die Wirklichkeit,
welche sich dem Auge und dem Ohr öffnet,

58. Einer anderen Wirklichkeit den Weg.

59. Das Eine nährt das Vielfache

60. Und das Vielfache verweist stets auf das Eine.

61. Ich sage euch: Trennt nicht,

62. Bewegt euch zwischen den Trennungen.

63. Dann werdet ihr euch in euch selbst versetzen.

64. Das ist der Weg der Ruhe,

65. Denn die Ruhe ist ein Mittelpunkt in
der Veränderung."

# Blatt 4

66. Simon Petrus sprach die folgenden Worte:
67. "Dem Einen kommt man im Zustand der Ruhe und Freude näher.
68. Das Eine ist stabil und allein.
69. Doch sage uns, wie legt man Stabilität in die Veränderung?"
70. Der Lehrmeister antwortete:
71. "Indem man die Wirklichkeit des Traums der Welten betrachtet,
72. Und sich dann den Traum hinter diesem Traum vorstellt."
73. Da äußerte der Jünger Andreas vor allen sein Erstaunen:
74. "Soll man etwa träumen?"
75. Da sagte der Meister zu ihm:

76. “Es geht darum, den Traum der Welten hinter sich zu lassen,

77. Denn die Freude entspringt aus dem ‘großen Traum’,

78. Welcher das Spiel der Träume und Welten entworfen hat.

79. Wer das wirklich verstehen will, wird es auch verstehen.

80. Wer Wohlgefallen findet am Wehgeschrei all der Träume, mag weiterschlafen.

81. Ich möchte es so sagen:

82. Das Eine findet sich im Erwachen zu dem ‘großen Traum’.”

# Blatt 5

83. Der Jünger ergriff erneut das Wort:

84. “Lehre uns: Bedeutet der ‘große Traum’ das Ende des Leidens?”

85. Da richtete der Meister die folgende Worte an alle:

86. “Der ‘große Traum’ ist die Überschreitung des Traumes von den Grenzen,

87. Und die Grenzen sind das Leiden,

88. Denn das Leiden ist das Du

89. Und das Ich, die träumen, sie seien zwei.”

90. Da fragte Simon Petrus:

91. “Aber sind denn das Materielle und das Nicht-Materielle nicht zwei unterschiedliche Dinge?

92. Wie sollen wir aus der Vorstellung von Grenzen herauskommen?”

93. Der Lehrmeister segnete sie und sagte zu ihnen:

94. “Das Materielle und das Nicht-Materielle sind Teile des ‘großen Traumes’ der Welt.

95. Sie sind Eins, sie sind das Spiel,

96. Mit dessen Hilfe das Vergessen sein Werk webt.

97. Die Trennung ist ein Spiel.

98. Genau wie das Leid,

99. Und das Leid entspringt aus dem ursprünglichen Stolz, dessen Spiel es ist, zu trennen.

100. Ich sage euch, die Materie ist ein Lächeln des Ewigen.

101. Es soll uns aus den Welten herausführen

102. Und uns dazu bringen, die Wirklichkeit zu wollen."

# Blatt 6

103. Da ergriff Simon Petrus wieder das Wort:

104. “Sag uns nun: Was ist Wirklichkeit?”

105. Der Meister sagte:

106. “Wirklichkeit ist Das, was das Spiel der Wirklichkeiten entworfen hat.

107. Wirklichkeit ist Das, was euch dazu bringt, eure Fußabdrücke in Meinen zu bewegen.

108. Sie ist vertrauensvolle Fantasie.

109. Gerade Sie stiftet wahres Wissen.”

110. Da fragte der Jünger weiter:

111. “Wir haben Durst.

112. Wie sollen wir zur Wirklichkeit vordringen?”

113. Der Lehrer wandte sich an alle:

114. “Indem ihr auseinandernehmt,
was nicht Eins ist.

115. Indem ihr euch mit der Materie beschäftigt, die den Bruch erfindet

116. Und die Materie für ihre Spiele liebt.

117. Indem ihr ihre Spiele liebt, weil sie den Weg zum 'großen Spiel' bahnen."

118. Dann sagte Er noch:

119. "Indem ihr etwas wagt."

# Blatt 7

120. Da stand einer der Schüler auf und fragte:

121. "So sage uns doch: Welche Bedeutung hat die Materie?

122. Müssen wir davon ausgehen, dass es sie immer geben wird?"

123. Der Meister lehrte:

124. "Alles, was erfunden und geschaffen wurde,

125. Alle Elemente, aus denen die Natur der Welten besteht,

126. Sind voneinander abhängig und miteinander verbunden.

127. Doch was zusammengefügt wurde, wird wieder aufgelöst werden,

128. Damit alles zur Mutter-Wurzel zurückkehren kann.

129. Wer Ohren hat zu hören,

130. Ruft entsprechend nach dem Einen Ohr, um zu verstehen."

131. Simon Petrus fragte:

132. “Du sagst, Du seiest Bote und Vermittler
133. Der Elemente und Phänomene dieser Welt,
134. So sage uns:
Was hat es mit der Verfehlung auf sich?”
135. Der Meister hob die Hand und sprach:
136. “Der Fehler existiert nicht.
137. Ihr allein bringt ihn in die Welt.
138. Und zwar jedes Mal,
wenn ihr euch den Reflexen
139. Eurer konstruierten, ‘untreuen’ Wirklichkeit
überlasst.
140. So gewinnt der Fehler Gestalt,
141. Deshalb ist das Gute zu euch gekommen.
142. Das Gute wurde Teil eurer Wirklichkeiten,
143. Um sie wieder mit der Mutter-Wurzel
zu verbinden.”

# Blatt 8

144. Der Meister fuhr fort und sprach:

145. "Hört nun den Grund, warum ihr Kranke

146. Und auch Sterbende seid:

147. Seht euch die Träume eurer Handlungen an,

148. Dann wisst ihr, was euch von euch selbst entfernt.

149. Das wird verstehen, wer es verstehen will.

150. Aus der Verstrickung in die Spiele der Materie

151. Entsteht ein Aufbegehren gegen die Mutter-Essenz

152. Und der Körper gerät in Wallung.

153. Darum verkündige ich euch in Wahrheit dies:

154. Versucht in Harmonie zu sein mit der Essenz.

155. Und wenn ihr einmal aus Ihrer Ordnung herausfallt,

156. Inspiriert euch an den natürlichen Inbildern eures tieferen Seins.

157. Wer sein Gehör entwickelt hat,

158. Der möge lernen, mit dem 'Einen Ohr' zu hören und zu verstehen."

159. Nachdem Er diese Worte gesagt hatte,
segnete der Selige sie.

160. “Friede sei mit euch.

161. Mein Friede möge Wurzeln schlagen und sich in euch verkörpern und vervielfältigen.

162. Niemand soll euch in die Irre führen und sagen:

163. ‘Lasst uns diesen oder jenen zum Vorbild nehmen’,

164. Denn in Wahrheit wohnt Er in eurer Mitte,

165. Er, den man ‘Menschensohn’ nennt.

166. Nehmt andere zu Ihm mit,
wenn ihr zu Ihm geht,

167. Denn wer Ihn suchen will, wird Ihn auch finden.

168. Steht also auf,

169. Und macht euch zu Zeugen
des Wortes Eures Reichs.

# Blatt 9

170. Stellt aber keine Regeln auf
171. Außer jener, die Ich vertrete,
172. Sonst geratet ihr noch tiefer in die Abhängigkeit.
173. Ich bin Der, welcher die Erinnerung wieder lebendig macht."
174. Nachdem Er diese Worte gesprochen hatte, verließ sie der Meister.
175. Seine Jünger empfanden Einsamkeit und Schmerz.
176. Einige weinten heftig und sagten:
177. "Müssen wir wirklich zu den Ungläubigen gehen
178. Und ihnen das essentielle Reich des 'Menschensohnes' nahe bringen?
179. Ihn haben sie nicht verschont.
180. Wie sollten sie dann uns wohlwollend aufnehmen?"
181. Also stand Myriam auf,

182. Um sie zu küssen und verkündete ihren Brüdern:

183. "Wozu solltet ihr in Zweifel und Leid verharren?

184. Ich sage euch, die Essenz Seines Lichtes verlässt uns nicht.

185. Sie wird uns schützen.

186. Loben wir Ihn, der uns wiederhergestellt und vorbereitet hat,

187. Denn nun ermutigt Er uns,
wahre Menschen zu werden."

188. Mit diesen Worten, richtete Myriam die Herzen der Jünger am Guten aus.

189. So öffneten sie sich den Worten des Lehrers etwas weiter.

# Blatt 10

190. Simon Petrus wandte sich an Myriam und sprach es laut aus:
191. "Du bist unser aller Schwester,
192. Wir alle wissen, dass der Meister dich anders geliebt hat als die anderen Frauen.
193. Lehre uns nun nach den Worten,
die Er dir anvertraut hat.
194. Sage uns die Worte,
an die du dich am besten erinnerst
195. und zu denen wir keinen Zugang hatten."
196. Myriam trat näher und sprach zu ihnen allen:
197. "Was ihr nicht fähig wart zu hören,
198. Soll in der Tat ich euch verkünden;
199. Ich hatte eine Vision vom Meister
200. Und sagte zu Ihm:
201. "Meister, warum erscheinst Du mir hier
in dieser Form?"
202. Und Er antwortete mir in meinem Inneren:
203. "Du, Liebste, vergisst Deine Mitte nicht,
wenn ich erscheine.

204. Du schaust nicht,
du siehst und du lernst zu sein.

205. So höre:

206. Wo sich das Nous[5] befindet,
liegt das unschätzbare Juwel.

207. Es heißt ‘die Pforte’.”

208. Sogleich sagte ich innerlich zu Ihm:

209. “Mein Meister und Liebster, wenn jemand

210. Deiner Erscheinung innerhalb der Zeit gewahr werden kann,

211. Sage mir, sieht er dann mit seinen Seelenaugen

212. Oder atmet er Deine Gegenwart mit seinem Geiste?”

213. Der Meister gab mir zur Antwort:

214. “Er nimmt mich weder mit der Seele noch im Geiste auf,

215. Sondern sieht mich durch die Pforte des Nous,

216. Die Pforte, die einen lehrt zu sehen und den göttlichen Hauch aufzunehmen.”

5 Die ‘höhere Weisheit’ – oder ‘das höhere Bewusstsein’.

# Blatt 11

217. Da fragte ich weiter:

218. “Erzähle mir von dieser Pforte.

219. Stehe ich an ihrer Schwelle?”

220. Da legte der Lehrmeister folgende Antwort in mich:

221. “In Wahrheit steht genau an ihrer Schwelle,

222. Wer gar nicht an die Pforte denkt, sondern an die Wirklichkeit, die sich dahinter verbirgt.

223. Wer seine Augen betrachtet,

224. Sieht sein geistiges Auge nicht.

225. Das Nous ist ein Tod,
weil es Wiedererwachen ist.

226. Es ist der Tod der zusammengesetzten Bilder.

227. Es ist der Moment,
in dem die Masken sich auflösen

228. Und die Materie sich eingesteht, ein Spiel zu sein.

229. Die Pforte des Nous ist ein Lächeln
230. Zwischen den Wirklichkeiten und dem Einen.
231. Durch das Nous betrachtet die menschliche Essenz das Eine,
232. Das aus Liebe die Zwei gebiert."
233. Außerdem sagte der Meister mir noch:
234. "Das Bewusstsein der Liebe wird von der Trennung erzeugt.
235. So ist es, man muss mehrerer Tode sterben,
236. Um das Licht der Geburt zu erfahren."

# Blatt 12

237. Da fragte ich innerlich:

238. "Sage mir, wie man an diese Pforte gelangt."

239. Die Vision des Lehrmeisters kam näher

240. Und sprach:

241. "Ich werde dir sagen, wie man diese Pforte durchschreitet,

242. Denn Erwachen kennt keine Halbheiten.

243. Im Grunde entsteht das Erwachen aus der Erinnerung an das Vergessen

244. Und dem Anprangern des Vergessens im Handeln.

245. Das Nous erreicht man durch Liebe.

246. Liebe aber erlangt man, indem man anspruchsvoll ist."

247. "Das hat der Meister mir anvertraut - während ihr es nicht hören konntet."

248. Da zeigte Simon Petrus
Myriam den Anwesenden und sprach:

249. "Wer ist diese Frau?

250. Womit hat sie es verdient,
die Lehre zu empfangen?

251. Wir dürsten doch alle!

252. Erzähle uns mehr, unsere Schwester,
die du Ihn kennst."

253. Myriam ließ den Schleier vor ihren Augen herab
und sagte dann:

254. "Auch das Folgende brachte Er mir bei,

255. Doch wird davon nur trinken können, wer
bereits in sich selbst die Quelle entdeckt hat.

# Blatt 13

256. Einmal ließ der Meister mir folgende Worte zuteilwerden:

257. ‘Anspruch ist Reinheit und Disziplin.

258. Er durchquert die Welten mit dem Wesen,

259. Welches das Herz sucht, das sich hinter dem Herzen verbirgt.

260. Denn er ist auch Wille.

261. Die schwachen Masken können die Pforte des Nous nicht einmal erahnen.

262. Sie sind nicht anspruchsvoll,

263. Sondern schauen nur auf die anderen Masken

264. Und nennen sie schwach.

265. Masken, die miteinander spielen,

266. Täuschen den Durst nur vor, doch ihre Erde ist trocken.

267. Wie kann man in Dürre und Ablehnung des Wassers leben?

268. So werdet ihr zum Tode geboren,

269. Aus Willensschwäche'."

270. Andreas sprach lauter als die anderen Jünger.

271. Er zeigte mit dem Finger auf Myriam und sagte:

272. "Wieso sollten wir dir glauben?

273. Wieso sollte der Lehrmeister dich dergestalt genährt haben?

274. Du bist doch eine Frau!"

275. Myriam sah ihn an und antwortete:

276. "Geburten gehen von Frauen aus.

277. Warum sollte dann 'Die Geburt' nicht auch von einer Frau ausgehen?"

# Blatt 14

278. Da erhob sich der Jünger Simon Petrus
279. Und richtete folgende Worte an alle:
280. "Meine Schwester, diese Worte versetzen uns in Erstaunen
281. und machen uns Angst.
282. Doch sage uns mehr, denn wir alle wissen,
283. Dass du dem Meister oft begegnet bist."
284. Da zog Myriam ihren Schleier vor das Gesicht und sprach:
285. "Der Selige lehrte mich die Reise der Seele,
286. Die sich entdeckt und selbst betrachtet.
287. Es ist die Reise von der Rinde zum inneren Mark.
288. Sie entwirft den Schlüssel zur Pforte des Nous.
289. Und zwar so: Die Seele besucht die Welten der Wut.
290. Sie entdeckt einen ersten Zustand und hält sich darin auf.

291. Er heißt Finsternis.

292. Und er ist Liebe zum Gefängnis.

293. Die Finsternis spricht zur Seele:

294. "Warum hast du mich geliebt,
die du ein Funken bist?"

295. Als sie diese Frage hörte, äußerte die Seele folgende Worte:

296. "Ich habe dich geliebt, weil du Trennung warst

297. Und weil die Trennung der Schlaf ist, welcher aus dem Stolz entstanden ist."

298. Da ging die Seele in den zweiten Zustand über.

299. Dieser hieß Begehren.

300. Als sie ihn durchquerte, fragte er:

# Blatt 15

301. "Ich weiß nicht, wie du absteigen konntest,
302. Während ich dich jetzt im Aufstieg erlebe.
303. Nenne mir den Grund der Lüge,
304. Die aus Stolz und Neid entspringt,
305. Da du ein Teil von mir bist und mich nährst."
306. Die Seele antwortete: "Weil ich erahnt habe, dass es dich gibt
307. Und du meine Wahrheit nicht erkennen konntest.
308. Deine Augen wollten nicht lernen, mich zu erkennen,
309. Obwohl ich mit dir verbunden war, wie ein Kleidungsstück."
310. Als sie das gesagt hatte,
311. Setzte die Seele freier und glücklicher ihren Weg fort,
312. Bis sie den dritten Zustand durchquerte,
313. Der Unwissenheit heißt.
314. Unwissenheit fragte die Seele sofort:

315. “Wie windet sich dein Weg?

316. Hast du nicht eine seltsame Krankheit in dir?

317. In der Tat - du bist zum Sklaven geworden,

318. Weil du keine klare Vision mehr hast.”

319. Die Seele antwortete:

320. “Warum richtest du mich, die ich doch schon meiner Natur nach nicht richte,

321. Mich, die ich Übermächtigung annehmen konnte, ohne selbst zu übermächtigen.

322. Niemand hat mich erkannt.

323. Während ich in meinem Inneren sah,

324. Dass alles, was zusammengesetzt war und nicht Eins

325. Im Himmel und auf Erden auseinandergenommen werden wird.”

# Blatt 16

326. Als sie den dritten Zustand hinter sich gelassen hatte,
327. Setzte die Seele ihren Aufstieg weiter fort.
328. Es dauerte lange, bis sie den vierten Zustand wahrnahm.
329. Dieser Zustand enthielt allein sieben weitere Welten.
330. Die erste unter ihnen hieß Finsternis.
331. Die zweite Begehren.
332. Die dritte Unwissenheit.
333. Die vierte Gift der Eifersucht.
334. Die fünfte Gefängnis des Leibes.
335. Die sechste trunkene Weisheit.
336. Die siebte Zorn der Weisheit.
337. Sie verharrte lange in diesem vierten Zustand.
338. So entfalteten sich die Welten der Wut,
339. Welche die Seele in Fragen ersticken lassen,

340. Denn die Wut kommt von der Rebellion.

341. Und die Rebellion ist Finsternis der Trennung.

342. Die Wut fragte die Seele:

343. "Wo kommst du her,
die du gelernt hast zu töten?

344. Was ist dein Ziel, die du im Irrtum kreist?"

345. Da antwortete die Seele:

346. "Alles, was mich erstickte,
ist ausgetrocknet worden.

347. Und alles, was mir den Horizont mit Grenzen verschleierte,

348. Hat sich verflüchtigt,

349. Weil ich es ansehen wollte.

350. So ist mein Begehren verschwunden,

351. So bin ich aus dem Zirkel des Unwissens herausgetreten,

352. Und dadurch hat sich der Stolz erschöpft.

# Blatt 17

353. Ich habe den Ausgang aus den Kulissen gefunden,
354. Indem ich in andere Kulissen übergegangen bin.
355. Ein Bild ist verblasst
356. Durch Anmut und Reiz eines anderen, das reiner und einheitlicher war.
357. Nun begebe ich mich auf meinen Weg der Ruhe und Gelassenheit,
358. Wo die Zeit in Ewigkeit stillsteht, kündet Ruhe von Frieden.
359. In Wahrheit ist mein Weg ein Weg der Stille."
360. Nachdem Myriam diese Worte gesprochen hatte, schwieg sie.
361. Da sahen alle, auf welche Weise der Meister sie unterwiesen hatte.
362. Nun sprach Andreas zu seinen Brüdern:
363. "Sagt mir, was ihr davon haltet,
was diese Frau erzählt hat.

364. Was mich betrifft, ich glaube nicht,

365. Dass der Meister so gesprochen haben kann.

366. Solche Reden entfernen uns von dem,
was wir erfahren haben."

367. Simon Petrus sah Andreas an und erhob sich:

368. "Sollen wir es für möglich halten,

369. Dass eine Frau solche Worte aus dem Munde
des Meisters empfangen hat?

370. Dass Er ihr Geheimnisse anvertraut hat,
zu denen wir keinen Zugang hatten?

371. Sollen wir einen anderen Blickwinkel einnehmen
und einen anderen Weg einschlagen,

372. Indem wir uns darauf einlassen, einer solchen
Frau gegenüber unsere Ohren zu öffnen?

373. Ich frage euch, hat Er sie uns wirklich vorgezogen
und erwählt?"

# Blatt 18

374. Da begann Myriam zu weinen
375. Und sie sagte zu Simon Petrus.
376. "Mein Bruder im Geiste, was machst du durch?
377. Denkst du etwa, ich habe diese Vision erfunden?
378. Und ich verbreite Lügen
über unseren Lehrmeister?"
379. Da erhob sich Levi unter ihnen und sprach:
380. "Simon Petrus, wir haben dich stets heftig und aufbrausend erlebt.
381. Warum wendest du dich jetzt gegen die Frau
382. Genau wie unsere Gegner?
383. Wenn der Meister sie Seines Herzens
würdig erachtet hat,
384. Wie kannst du sie dann abweisen?
Wer bist du denn?
385. In Wahrheit hat der Lehrmeister,
der sie sehr gut kennt,
386. Sie mehr geliebt als uns,

387. Weil ihre Seele eine große Reise gemacht hat.

388. Lasst uns nun auf unsere Schwäche blicken

389. Und so bald wie möglich vollständig menschlich werden.

390. Lassen wir das Menschliche Wurzeln
in uns schlagen

391. Und wachsen wie einen Baum.

392. Das war der Wunsch des Meisters.

393. Lasst uns unverzüglich losziehen
und die Nachricht verbreiten.

394. Es möge keine andere Regel
in unserer Seele geben,

395. Als jene, die Er bezeugt hat."

396. Da Levi diese Worte gesprochen hatte,

397. Wurde es ganz still.

398. Dann erhoben sich die Jünger gemeinsam,
um das Wort zu verkünden.

Dies ist das Evangelium von Myriam.

# Einladung

Die Pforte des dritten Jahrtausends hat sich soeben geöffnet ...

In dem ganzen Gewirr vielversprechender und bedrohlicher Aussichten weiß unsere Gesellschaft nicht so recht, wohin sie sich bewegt und was sie eigentlich will. Doch bei allen Selbstzweifeln wird ihr immer deutlicher, was sie nicht mehr will: Sie hat all die Kapellen satt ... vielleicht sogar die Kirchen, mit ihren ganzen Dogmen und vorgefertigten Glaubensbekenntnissen. Von ihnen will sie sich befreien – und ich finde, das ist gut so!

Wozu dann noch ein Evangelium? Wieso sollte man noch eines ausgraben, auch wenn es mit dem Namen Myriams von Magdala verbunden ist?

Diese Frage habe ich mir natürlich auch gestellt, selbst als ich schon angefangen hatte, mich damit zu beschäftigen.

Wozu soll es gut sein, sich über einen Text Gedanken zu machen, der formal altbacken daherkommt und auf den ersten Blick überaus theoretisch und schwer zugänglich erscheint?

Wir bedürfen dringend einer klaren, eindeutigen Sprache und wünschen sie uns auch.

Warum sollten wir also auf eine Schrift zurückgreifen, die tief in der Gnostik verankert ist?

Es ist nur naheliegend, dass wir uns nach einer verständlichen Sprache sehnen. Ich bezweifle nämlich, dass die Jahrhunderte lang gängigen theologischen Betrachtungen auf unsere Fragen echte Antworten hatten und die Sehnsucht der meisten Menschen jemals stillen konnten.

Wir leben in einer Zeit, die uns drängt, Bilanz zu ziehen und auf die vergangenen Jahrtausende zurückzublicken. Nun haben wir uns schon mit vielen Dingen ausführlich beschäftigt - uns selbst aber dabei fast vergessen.

Meines Erachtens leiden wir genau darunter, zumindest weist alles darauf hin. Das macht uns unzufrieden und verletzt uns. Es begründet unser chronisches Leiden.

Nachdem ich eine Übersetzung der offiziellen Version des Evangeliums von Myriam gelesen hatte, wäre es nur naheliegend gewesen, mich nicht ein weiteres Mal darauf einzulassen - und sogar so weit zu gehen, mithilfe meiner Methode 'das Buch der Zeit' darüber zu befragen. Vielleicht hättet auch ihr gezögert ... oder nach der Entdeckung dieser Variante des Textes aus den Annalen der Zeit Vorbehalte gehabt ...

Andererseits ... Was mich berührt hat, ist die Seele, die sich hinter den Worten dieses Evangeliums verbirgt ... Und ich möchte euch einladen, euch ebenfalls davon berühren zu lassen.

Wenn man nicht an der Oberfläche bleibt und sich in Spitzfindigkeiten der Auslegung verliert, sondern sich von der Stimmung umfangen und streicheln lässt, so geschieht *etwas*. Das kann ich euch versichern. Dann werden wir von diesen Worten ergriffen - und spüren, wie unglaublich tief und zugleich hochaktuell sie sind.

Allerdings möchte ich euch keineswegs dazu einladen, 'mir zu folgen' oder irgendeine Philosophie zu übernehmen.

Es ist nur die Einladung, euch selbst wieder näher zu kommen ... und zwar mithilfe einer Sprache, die offener ist, als einst.

Darüber hinaus begeben wir uns damit auf eine Entdeckungsreise - und zwar nicht in eine besondere Epoche der Vergangenheit, sondern in eine absolute Gegenwart - ein 'Immerdar', das wir heute endlich frei in Worte fassen können.

Ich möchte euch einladen, an einem Augenblick der Gnade teilzuhaben. Entsprechend haben unsere Evangelisten ihre Schriften symbolisch 'auf einem Bergesgipfel' angesiedelt. Denn nur in solchen Momenten nimmt man wirklich etwas wahr ... Sie können inmitten des größten Lärms entstehen.

Ich wette, dass sich jeder von uns im tiefsten Inneren in den Figuren wiedererkennt, die im Gewebe dieser Lehre vorkommen. Jede Gestalt entspricht auf archetypische Weise einem unserer Wesenszüge.

Da sind zunächst einmal die beiden Brüder, Simon Petrus und Andreas - also Männer - mit all ihren Erwartungen, Begierden, Zweifeln und Ängsten ... in der fürchterlichen Starre des männlichen Denkens.

Und dann ist da Maria-Magdalena. Sie erscheint freilich nicht als Prostituierte, wie in den kanonischen Evangelien.

Vielmehr verkörpert sie den Teil in uns, der zu *unmittelbarer Erkenntnis* fähig ist und das befreiende Licht empfangen kann. In diesem Sinne steht sie für jene mutige, weibliche Stimme, die ihrer Intuition folgt ... Wir haben sie bisher allzu oft zum Schweigen gebracht. Doch noch etwas anderes wird durch sie ahnbar, nämlich ein androgynes Ideal.

Der Lehrer - also der Meister - ist in diesem Text nicht aufgrund Seines Wesens unendlich weit von uns entfernt. Nein, Er ist unserem Bewusstsein zutiefst inne. Sein Wesen ist unser tiefstes Wesen - unsere Essenz.

Im Reigen dieser Gestalten vermag der Leser sich in einen Lauschenden zu verwandeln, in ‚einen, der hört'. So wird ihm allmählich der *Abstieg* der Menschheit ersichtlich, der Grund für ihre *Erstarrung*. Auf der anderen Seite wird jedoch auch sichtbar, was ihren *Wiederaufstieg* anregen kann. All das können wir heute verstehen.

# Erste Bewegung

Der Abstieg

## Der ursprüngliche Traum

(Zeilen: 71, 72, 76-78, 82, 86, 148, 149)

Ja, es ist wirklich alles aus einem Traum entstanden! Dieses Postulat steht im Zentrum des *Evangeliums nach Maria-Magdalena*. Daraus ist alles hervorgegangen. Traum - natürlich in seiner größtmöglichen Bedeutung im Sinne jener ungreifbaren Kraft, die wir Gott nennen. Gott ergießt sich restlos in ein Ideal ... in die Schöpfung.

Hier zeigt sich, was für uns so schwer zu begreifen ist und uns letztlich von unserem Wesenskern abschneidet: Wir sind also Geschöpfe eines göttlichen Traums - und dann auch noch eines Traumes, der uns als Spiel präsentiert wird!

Zugegeben, das kann einen nicht kalt lassen. Es muss einen geradezu aufbringen: Ein Spiel - wieso das denn? Wir haben doch ständig zu hören bekommen, die Suche nach sich selbst sei eine ernsthafte Angelegenheit ... und jetzt ist plötzlich von Träumereien die Rede, als würde das Göttliche sich auf einmal gedankenverloren amüsieren! Es ist schwer, das zu akzeptieren, nicht wahr?

Wir sollten aber genau auf die Worte achten. Sie führen einen leicht in die Irre und können mit der Zeit zu vorgefertigten Begriffen erstarren. Darum schlage ich vor, die Dinge einmal anders zu betrachten, einen anderen Blick zu entwickeln und eine andere Art zu lauschen.

Warum sollte die Schöpfung denn nicht ein Spiel sein? Das heißt nicht unbedingt 'ein bloßer Spaß'.

Ein Schauspieler 'spielt', so sagt man, doch man könnte ebenso gut sagen: "Er interpretiert, er stellt etwas dar."

Das wirft ein anderes Licht auf das 'höchste Spiel', um das es hier geht. Diese Vision der Höhe ermöglicht uns, in eine andere Dimension vorzudringen, nämlich in einen Raum in unserem Inneren, der uns folgenden Satz verfügbar macht: *"Das Göttliche stellt sich selbst dar."*

Der göttliche Hauch fließt in die Schöpfung und geht darin auf. Wir tragen Seinen Odem in uns - seinen ursprünglichen Traum. Er setzt sich in uns fort.

Daher rührt die Sehnsucht, welche uns seit Urzeiten begleitet. Tief in unserem Inneren tragen wir das Wissen um eine absolute Fülle, nach der wir innig streben. Gerade darum erscheint uns unser Leben manchmal öd und leer.

Ein Schöpfer kann nicht ohne seine Schöpfung sein. Er ist immerzu in ihr anwesend - auf allen Ebenen seines Werks. Sie sind untrennbar miteinander verbunden. Braucht man nicht ‘zwei’, um eine Bewegung des Lebens anzustoßen? Darum gebiert *die Eins*, schon allein durch ihre Existenz, zwangsläufig *die Zwei*!

Das ist das Spiel des Anbeginns - der Traum - das Heraussetzen einer unvermeidlichen Ausdehnung.

Im ‘Ursprünglichen Traum’ ist also alles enthalten. Man könnte ihn als Keimatom aller Keimatome bezeichnen ... genau wie ein einziges Samenkorn das Potenzial unendlicher Fortpflanzung in sich trägt und schon alle Felder birgt, auf denen es einst wachsen, sich vervielfältigen und verwandeln wird.

In diesem Ursprungstraum ist schon alles enthalten - ausnahmslos alles. Er verbindet den Schöpfer auf ewig mit seiner Schöpfung. Mathematische Strenge verschmilzt darin mit dem heiligen Wahn der Kunst, um eine Stimmigkeit zu stiften, die jene Lebensfreude zum Ausdruck bringt, nach der wir uns alle sehnen.

So gesehen, wird die Vorstellung von Gott zu einer Art Matrix, zu einem Ozean, der sich nur fassen lässt über seine Strände und die Wellen, welche ihre Ufer glatt schleifen.

## Das Spiel und die Spiele

(Zeilen: 94, 95, 106, 150, 151, 228, 231, 232, 265, 353, 354)

Der ‘Ursprüngliche Traum’, der große anfängliche Sonnenhauch ist also der Ursprung - zumindest soweit wir ihn fassen können. Allerdings - das wird ja ganz deutlich gesagt -

gibt es 'den Ursprung' und 'die Ursprünge'. Es geht also um ein Göttliches Spiel, das eine ganze Reihe weiterer Spiele anstößt. Das ist so gewiss, wie das Sonnenlicht ein Spektrum von Farben auf ein Prisma zaubert. Bildlich gesprochen sind so aus dem universellen Prinzip die verschiedenen Universen entstanden.

'Das Eine' enthält die Vielfalt schon durch seine pure Existenz und sein expansives Wesen. Es verstreut also die Saat des Vielfältigen und lässt es sich unendlich vermehren.

Das Evangelium von Maria-Magdalena sagt es ganz unverhohlen: Wir leben gegenwärtig in '*den* Universen', also innerhalb der Spiele, die aus dem großen Spiel hervorgegangen sind. Diese Universen bringen weitere Welten hervor, dank der ihnen innewohnenden Kräfte an Freiheit, Wachstum und Experimentierfreude, welche ihnen überlassen sind. Diese Welten sind Masken. Wir eignen sie uns an, machen sie zu unserer Wahrheit - und halten sie letztendlich für *die Wahrheit*.

Es sind unechte, aufgesetzte Gesichter, die von Anfang bis Ende die Illusion unseres täglichen Lebens fabrizieren, während wir natürlich glauben, das sei 'real'. So entstehen die Gitterstäbe des Gefängnisses - eines Kerkers, der umso tückischer ist, als man ihn kaum als solchen wahrnimmt.

Nun könnte man all das für eine perverse Falle halten. Ja, wir können dem offensichtlich nicht entgehen, denn es entspricht einer Abwärtsbewegung, einer Entfremdung und Auffächerung ... die völlig natürlich sind - also unausweichlich.

Ich erinnere mich, wie einmal jemand eine verächtliche Bemerkung darüber machte und sagte, es läge in dem uranfänglichen Schöpfungsimpuls und der daraus folgenden Kettenreaktionen doch etwas Sadistisches, eine gewisse Bösartigkeit.

Man könnte das wirklich so sehen und den 'Fall' des Menschen als unumgängliches Ereignis betrachten, das nichts Gutes oder Schönes an sich hat. Er wäre dann nur ein gigantisches, perverses Spiel, das uns seine Regeln aufzwingt. Ja, man könnte bei dieser kargen, nihilistischen Vorstellung stehen bleiben - aller Illusionen beraubt ... vielleicht sogar ohne zu merken, dass man es wiederum mit einer Maske zu tun hat. Man gebraucht den Verstand, berechnet, kalkuliert mit 'mehr' oder 'weniger', als Mann oder als Frau und letztlich wie Ameisen, die versuchen, die Funktionsweise eines Computers zu verstehen. Ganz schön überheblich, nicht wahr? Genau diese unglückselige Egozentrik - unsere Fähigkeit und Freiheit alles intellektuell erfassen und beurteilen zu wollen - macht uns zu Gefangenen.

Dabei hat jeder sein eigenes Gefängnis, mit seiner ganz spezifischen Atmosphäre ... und es können immer neue Gefängnisse daraus entstehen.

Es erscheint mir daher zunehmend plausibel, dass die Universen, in denen wir uns bewegen und einrichten, reine Hologramme sind. Ihr Entstehen und Vergehen hängt ganz von unserem Bewusstseinsniveau ab, also davon, was wir für möglich halten.

Aus Sicht der Erdenmenschen, die wir im Alltag sind, mag das hoffnungslos anmuten, wie ein endloses Labyrinth, in dem wir seit Urzeiten gefangen sind. Zwar klammern wir uns an diesen oder jenen Glauben, folgen vielleicht einer Religion, aber am Ende fallen wir doch stets zurück in den Irrtum ... und drehen uns im Kreise des endlosen Zyklus der Wiedergeburt.

Das wird so lange nicht enden, bis wir begreifen, wie *unmoralisch* das Universum und die vielen Universen sind. Moral ist eine Erfindung des Menschen, eine weitere Maske. Diese sind wechselhaft, abhängig von Machtverhältnissen und bestimmten Vorlieben, verändern sich also von einer Epoche zur anderen und einem Volk zum nächsten. Das Göttliche bewegt sich nicht im Rahmen der moralischen Polarität von 'gut' und 'böse' und hat sie auch nicht erschaffen. Sein Schöpfertum steht weit darüber, in einem Bewusstseinsfeld, an das wir allenfalls in Momenten höchster Ekstase rühren können - wenn wir innerlich völlig rein und frei sind. Nur in solchen Momenten, wenn auch noch die Masken der Masken fallen, erscheint hinter dem 'Plus- und Minus-Pol der Batterie' eine dritte Kraft - die weder Sonne noch Schatten ist - die göttliche Wirklichkeit.

## Die Rolle des Trennenden

(Zeilen: 59, 60, 94 - 102, 115, 116, 127, 128, 234 - 236, 296, 297, 340, 341)

Doch wozu das alles? Wieso ist der Schöpfungsplan so vielschichtig? ... Wir dürfen uns das nicht nur fragen, wir müssen es sogar. Gewiss steckt keine Bosheit dahinter ... und die höhere Ordnung des Lebensflusses ist auch kein sinnloses Spiel, so viel ist sicher. Ganz im Gegenteil, wenn wir nur endlich müde würden, vor uns hinzustolpern und einsehen wollten, dass der einzige Ausweg darin besteht, eine höhere Sichtweise einzunehmen ... so würden sich Herrlichkeiten offenbaren. Wir sind Seiltänzer im Wunderwerk der Schöpfung. Sie aber will uns einfach nur bewusst machen, *Was* anfangs nichts weiter war als ein göttlicher Funke - seiner selbst noch ungewiss - und *Was* in uns als 'durch und durch Göttlich' angelegt ist.

Wie soll man wissen, was Liebe wirklich ist, wie kann man diesen Zustand erkennen und leben, wenn man keine Lieben erlebt hat - aber auch das Gegenteil von Liebe. Wahres Wissen lässt sich nur durch unmittelbare Erfahrung erringen, durch ganz bewusstes Erleben. Das Gleiche gilt für Glück. Das ist eine grundlegende Wahrheit. Um *das* Leben kennenzulernen, muss man in *all die vielen* Leben eintauchen. Man muss sein Zuhause verlassen, um sich selbst zu entdecken und Schritt für Schritt zu wachsen. Es gilt also in all den Herbergen zu hausen - es sind die Welten. Manche sind wohnlich und verlangen entsprechende Kleidung, in anderen geht es schlichter zu und in manchen geht man gar in Lumpen. Das Spiel der Reise verpflichtet ... Es erlegt uns Masken auf und diese sind Lehrmeister.

Natürlich lehnt man sich gegen einen Meister gerne auf ... Das kennen wir ja alle! Ein natürlicher Wachstumsimpuls treibt uns von Zuhause fort wie einen ungeduldigen Jugendlichen, der sich selbst entdecken will - und dazu gehört eben auch Rebellion. Der Drang, sich aufzulehnen, ist gesund. Er gehört zur Herrlichkeit des ursprünglichen Spiels, verkommt aber, wenn man sich in unzählige Kleinkriege verzettelt.

Das ist der Punkt, an dem wir uns befinden - mit unseren Masken und all dem rebellischen Getue. So langsam sind wir den albernen 'Zwergenaufstand' leid und haben es satt, 'erwachsen zu spielen'. Genau hier, inmitten von Überdruss und Zweifel setzt das *Evangelium nach Myriam von Magdala* an. Es greift uns an dieser Wegkreuzung auf. Ganz benommen von den Erwägungen des 'Mehr oder Minder' sind wir nun endlich in der Lage, den Rückweg zu unserem eigentlichen Zuhause - dem ursprünglichen Traum - wieder ins Auge zu fassen.

All das kündet letztlich von Freiheit! Das ist bestimmt schon deutlich geworden. Sie ist der große Vermittler geistiger Erweckung. Wie die Hefe im Teig regt sie uns an, 'aufzugehen', uns zu erheben und unzählige Entwicklungsmöglichkeiten zu entdecken. In diesem Sinne hängt das 'Trennende' eng mit Freiheit zusammen. Durch die Vielfalt hindurch lehrt sie uns die 'Einheit'. Der Gipfel der kosmischen Pyramide ruft ständig nach ihrer Basis, nach jeder einzelne Parzelle - und so ist das Bewusstsein des Gipfels noch dem kleinsten Teil des Ganzen inne.

## Das Spiel des Männlichen und Weiblichen

(Zeilen: 53, 87-89, 99, 124-128, 231-234, 324, 325)

Wie in allen Spielen muss es auch im 'großen Spiel der Trennung' Gegner geben. Aber Gegner heißt nicht unbedingt Feinde! Zwei gegensätzliche Kräfte müssen sich nicht unbedingt hasserfüllt gegenüberstehen. Sie müssen sich auch nicht gegenseitig ablehnen oder mit Missachtung strafen. Sie können durchaus lernen, sich mit Respekt zu begegnen - und müssen es auch.

Nur unüberlegte 'männliche' und 'weibliche' Verhaltensweisen haben in den mannigfachen Welten Krieg gestiftet. Im 'ursprünglichen Spiel' hingegen, stehen sich 'männlich' und 'weiblich' als reine Prinzipien gegenüber. Die Spannung, welche wir körperlich und seelisch ständig zu spüren bekommen, geht lediglich auf eine Spielregel zurück. Es ist kein Kampf auf Leben und Tod zwischen unvereinbaren Kräften, sondern eine Begegnung, eine Auseinandersetzung ... und schließlich die Verbindung, welche die Bewegung des Lebens anstößt.

In diesem Sinne müssen wir uns Tag für Tag darum bemühen, unreife Verhaltensweisen und Persönlichkeitsmuster zu überwinden, die von jener archaischen Polarität 'männlich - weiblich' geprägt sind. 'Männchen' und 'Weibchen' führen einen erbitterten, eingefleischten Krieg und sind allenfalls zu vorübergehendem Waffenstillstand in der Lage. Das männliche und weibliche Prinzip aber - der 'Plus- und Minuspol' - sind dazu bestimmt, sich zu vermählen. Sie sollen in höchstem Sinne miteinander verschmelzen.

Diese Hochzeit ist zugleich eine Versöhnung mit uns selbst - mit unserem höheren Ich jenseits der Masken.

Das mag recht theoretisch klingen, aber wenn man genau darüber nachdenkt, wird einem schnell bewusst, wie viele Hindernisse, mit denen wir uns Tag für Tag herumschlagen, auf archaische Impulse zurückgehen, die unsere Kampfeslust anstacheln. Wir sehen uns gleichsam auf den schwarzen und weißen Feldern eines riesigen Schachbretts. Wir können einfach nicht anders. Dabei ist es ganz gleich, auf welchem Feld dieses binären Musters wir uns befinden - wir haben immer das Gefühl, aufseiten 'der Guten' zu stehen. Ist das nicht seltsam? Entweder sind wir unverstandene Opfer oder auf der Seite der 'rechtmäßigen Herrscher', also jener, die auf keinen Fall selbst beherrscht werden wollen ... und sich so herausreden. Im Zuge dessen wird unser persönliches 'Kriegsministerium' einfach zum 'Verteidigungsministerium' umbenannt. So schüren wir die Lüge - unfähig, eine andere Vision zu entwickeln, eine weniger kindische Sicht auf die Dinge. Diese schmerzliche Schieflage unserer Beziehung zum Leben durchdringt alles, unsere Paarbeziehungen ebenso wie unsere beruflichen und sozialen Bindungen. Sie prägt auch das Verhältnis zu uns selbst. Wir sind Krieger, Sklaven und Richter zugleich. Mal vergiften wir unsere Kontakte, mal setzen wir uns die Maske des Heilers auf. Wenn schon unser persönlicher Bereich von solchen alten Reflexen bestimmt wird, so dominieren sie freilich auch die Gesellschaft.

Das Evangelium ruft es uns in Erinnerung: Wir haben vergessen, dass unser wahres Wesen sich nicht auf der Ebene des Schachbretts befindet und auch nicht in den Händen, welche die Spielsteine bewegen. Es liegt mitten in Jenem, der unablässig das Spiel entwirft und spielt.

## Worin besteht 'der Fehltritt'?

(Zeilen: 136-140, 170-172, 320, 355-357)

Die Frage nach dem 'Fehltritt' wird vom Apostel Simon Petrus ganz direkt gestellt. In der griechischen Version des

Textes, in die wir durch das 'Gedächtnis der Zeit' Einblick haben, ist ausdrücklich von 'Fehltritt' die Rede und nicht von 'Sünde', wie in der koptischen Übersetzung des Manuskripts. Das ist ganz entscheidend. Als Fehltritt bezeichnet man einen Irrtum oder eine ausweglose Lage in einem Umfeld, das von Freiheit geprägt ist. Die Möglichkeit einer freien Willensentscheidung ist dabei der wichtigste Lehrmeister des Lebens. Insofern ist ein Fehler lediglich eine notwendige Erfahrung. Sünde hingegen gibt es nur im Zusammenhang mit Schuldzuweisung. Es liegt gewiss nichts Göttliches darin, wenn man mit dem Finger auf uns zeigt - das ist nur vermeintlich göttlich. In Wahrheit gehört es zu einer Menschheit, die Spiele der Dualität ausprobiert und Regeln erfindet, um sie dann als Gesetze zu verkaufen.

Der Text, mit dem wir uns hier beschäftigen, hinterfragt sogar den Begriff des 'Fehltritts'. Der Meister geht wirklich so weit, seine Existenz zu leugnen. Er sieht darin eine Erfindung unserer Lebensform. 'Der Fehltritt' entsteht also, wenn wir uns im Labyrinth der Universen verirren und die Seele sich in der Vielfalt der ihr auferlegten Spiele der Existenz verstrickt. Indirekt ist 'der Fehler' damit als Folge der Illusion entlarvt, auch wenn das nicht ausdrücklich gesagt wird. Er entsteht, wenn wir uns zu sehr mit unseren Rollen identifizieren. Darum spricht der Lehrer - als Der, welcher einst selbst in die Lehre gegangen ist - von einem "Reflex".

Die Vorstellung des Fehlers kommt daher, dass wir unsere Lehren allzu ernst nehmen. Infolgedessen sehen wir nur noch die Kulissen und leben in der Vorstellung einer individuellen und kollektiven Schuld.

Der Verfasser dieses Evangeliums hebt die Bedeutung dieser Frage eigens hervor, indem er darauf hinweist, dass der Meister die Hand hebt. Es geht also um etwas sehr Wichtiges. Der Schuldbegriff spielt bekanntlich gerade in der abendländischen Kultur jüdisch-christlicher Prägung mit all ihrer Dogmatik eine entscheidende Rolle. Er blockiert nachhaltig unser Unbewusstes. Wir kommen angeblich bereits mit Schuld beladen zur Welt und geben die 'Erbsünde' an unsere Nachkommen weiter. Was wir auch tun - der Bruch zum Göttlichen bleibt bestehen und damit der angeborene Makel. Nichts ist besser geeignet, eine Generation nach der anderen restlos zu entmutigen und jeder Erhebung die Flügel zu stutzen. So wird unsere Fähigkeit geistig zu erblühen im Keim erstickt - und der Bruch nur vertieft.

## Die ursprüngliche 'Untreue'

(Zeilen: 138-143, 150, 151, 173, 234)

Diesen Ausdruck muss man im Zusammenhang sehen. Wir dürfen nicht vergessen, dass wir es hier mit einer Lehre aus dem Umfeld gnostischer Tradition zu tun haben.[6] Sie wandte sich nicht an das einfache Volk, sondern an eine Art Elite, die sich mit metaphysischen Fragen auskannte. Untreue bezeichnet in der Gnostik den Zustand der Trennung zwischen Schöpfung und Gottheit. Die Schöpfung wird untreu, sobald sie unabhängig vom Schöpfer existiert. Schon indem sie sich

6 Gnostik: Eine Denkströmung zu Beginn unserer Zeitrechnung, die sich mit der Erforschung der göttlichen Wahrheiten beschäftigte.

ablöst und verschiedene Seinsformen annimmt, macht sie symbolisch zu einer Ehebrecherin.

Allerdings ist es wichtig zu verstehen, dass der Rückzug vom Göttlichen, der in uns allen angelegt ist - und zwar als Verleugnung unseres göttlichen Wesens - für unseren Entwicklungsweg von Bedeutung ist. Auch das ist im weitesten Sinne eine 'Verfehlung', zugleich aber eine Haltung, die uns von Anbeginn vom Schöpfungshauch gewährt wird.

Genau betrachtet wird uns erst durch die 'ursprüngliche Untreue' die Notwendigkeit von *etwas anderem* bewusst. Dadurch wird die Saat der Versöhnung und Wiederbegegnung mit dem Ganzen in uns gelegt.

Gerade aus dem 'Ehebruch' entspringt der dringende Wunsch, zur anfänglichen Verbundenheit zurückzukehren.

Im Bösen ... also im Leid, das die Trennung uns symbolisch vor Augen führt, wurzelt der Ruf nach dem Guten - mit anderen Worten, der Drang zum Aufstieg.

In diesem Zusammenhang ist es ein Charakteristikum des Guten, zu inkarnieren - also ins Labyrinth der Welten mit ihren Spielen hinabzusteigen und ihr Gewicht anzunehmen, um in uns allen das Bedürfnis und die Notwendigkeit zum Ursprung zurückzukehren anzuregen.

Und noch etwas anderes scheint mir an dieser 'ursprünglichen Untreue' ganz entscheidend zu sein. Ein 'Ehebruch' setzt zunächst einmal eine Ehe voraus - mithin die Verschmelzung zweier Kräfte oder Wesen.

Dieses Evangelium erinnert uns nachhaltig an unsere ursprüngliche Verbindung mit dem Göttlichen. Diese Bindung ist etwas Heiliges. Sie ist noch dem kleinsten Teil unseres Wesens eingeschrieben. Wir können sie nicht ständig verleugnen ... weil wir uns auf Dauer nicht von Uns Selbst abschotten können. Wir sind in Gott und Gott ist in uns. Ganz gleich, was wir tun - daran lässt sich nicht rütteln.

## Rebellion und Revolten

(Zeilen: 285-325)

So gesehen waren die Fall-Bewegung und der damit einhergehende Bruch in unserer Lebenswoge unvermeidlich. In diesem Sinne kommt die Rebellion einer echten Einweihung gleich. Ich hatte ja schon erwähnt, wie ähnlich sie der aufständischen Haltung eines Jugendlichen ist. Der 'ursprüngliche Träumer' erlegt uns gewissermaßen einen Abstieg auf, damit wir - über die Kunst des Wiederaufstieges - unser wahres Wesen kennenlernen. So kann es uns voll bewusst werden.

Die Rebellion gehört also zum Göttlichen Plan. Sie geht weit über unsere vergängliche Persönlichkeit hinaus. Anders jedoch verhält es sich mit den zahllosen Alltagsrevolten, die wir uns so liefern. Diese 'Aufstände' gehen auf unsere Rechnung. Sie sind eine Folge des freien Willens. Auf dieser Ebene erleben wir Schmerz und Irrtum.

Die notwendige Initiation des Abstiegs hält Fallen für uns bereit - Welten, in die wir eintauchen, Schleier, die uns das Eigentliche verbergen.

Das versucht die symbolische Seelenreise, von der Maria-Magdalena spricht, uns nahe zu bringen. Die Seele trägt den

Funken des Anfangs in sich. So wird sie hier beschrieben. Im Laufe ihres 'Falls' hat sie sich in verschiedenen Universen aufgehalten. Man könnte diese mit Treppenstufen oder den verschiedenen Zimmern einer riesengroßen Wohnung vergleichen. In einer bestimmten Phase ihres Aufstiegs schaut sie sich die Welten, die sie besucht hat, noch einmal an.

Diese aufeinanderfolgenden Universen, die wie Kontinente bereist werden, sind natürlich in erster Linie Bewusstseinszustände. Sie haben ganz bestimmte Namen und es ist hilfreich, sie zu kennen. Das kann uns im Hinblick auf die Hindernisse, mit denen wir zu rechnen haben, Orientierung geben.

Nun möchte ich sie an dieser Stelle nicht bis in alle Einzelheiten analysieren. Es genügt, sie aufzuzählen, das sagt bereits viel über sie aus.

Die Welten, welche die Seele aufsucht und durchlebt, eignen sich zu einer Meditation über unsere Masken. Sie laden uns ein, uns über das Gewölk unserer eigenen hinwegzuheben.

Finsternisse, Begehren, Unwissenheit und all die anderen inneren Kontinente, die es zu entdecken gilt, sind Schwingungszustände. Sie entsprechen dem jeweiligen Grad des Vergessens, in dem unsere Revolten uns über lange, 'kosmische Zeiten' hinweg festhalten.

Auf einen Punkt möchte ich jedoch bei der Beschreibung dieser langen Durchquerung besonders hinweisen.

Die Seele bewegt sich auf ihrem Weg die ganze Zeit durch die sogenannten 'Welten der Wut'. Das ist ein Hinweis darauf, dass Wut als treibende Kraft unserer Leiden und Irrungen aufgefasst wird. Diese Wut kann ganz unterschiedliche Formen annehmen. Das gilt nicht nur im Hinblick auf die Schöpfung, sondern auch im Alltag. Hier ist es besonders interessant für uns. Ein aufrichtiger Blick ins eigene Innere wird leicht erweisen, wie erstickend die zahllosen Arten der Wut für uns sind. Dabei ist es ganz gleich, ob man sie nun Frustration, verletzten Stolz, drängendes Begehren oder anders nennt. Die Trennung von uns selbst ist eine echte Amputation für unser Herz. Sie macht uns unmerklich zu Aufständischen, die einen umfassenden Zorn schüren, selbst wenn wir vordergründig ausgeglichen erscheinen. Wer von uns hat nicht, jenseits der Oberfläche eines bequemen Lebens, die Taschen voll davon und steht vor der Aufgabe, ein Leben lang - oder gar länger - damit umgehen zu müssen?

## Kranke und Sterbende

(Zeilen: 144-152, 173, 243-244, 265-268, 346-349)

Im Grunde ersticken wir unter der Kruste der Welten, die unsere diversen Persönlichkeiten erzeugen, um sich darin aufzuhalten. Ihre Gestalt hängt eng mit dem Grad unserer materiellen Gesinnung zusammen. Leider sind wir mit Blindheit geschlagen und sehen nicht, welche Inszenierung dahintersteckt. Gerade das macht uns rebellisch.

Rebellen sind jedoch zumeist Kranke und Sterbende, wie uns der Meister durch Maria-Magdalena lehrt. Wenn wir für den Lebenshauch in unserem Inneren kein Bewusstsein haben, verausgaben wir uns, geraten 'außer Atem' und ersticken, weil wir von der Quelle abgeschnitten sind.

Dann flaut der 'Lebenshauch' - traditionell Prana genannt - in unserem Organismus ab, wobei das Prana selbst noch eine verhältnismäßig 'dichte' Form des göttlichen Odems ist. Das führt zu einer ganzen Reihe von Störungen.

Wenn das *Evangelium* uns als Kranke und Sterbende bezeichnet, ist damit zunächst einmal unser mangelndes Bewusstsein gemeint. Doch auch wenn es in erster Linie um unsere seelische Gesundheit geht, muss man doch auch die Auswirkungen auf den physischen Körper berücksichtigen.

Den Körper zu verachten, ihn als Hindernis anstatt als Werkzeug zu betrachten, ist zweifellos mit die größte Sackgasse, in der unser Abendland seit über zweitausend Jahren steckt.

Diese Dualität soll hier nicht fortgeführt werden. Alleinheit ist ja der Eckstein der Lehre, welche der Meister und seine Jüngerin uns vermitteln.

Immer, wenn wir etwas Trennendes in die Welt bringen, Grenzen ziehen oder verurteilen, schürt das in unserer Seele Krankheit und Tod. Der Kriegszustand liegt anfangs nur keimhaft in unserem Inneren. Doch bevor er sich verzweigt und nach außen dringt, schlägt er, wie alle Samen, Wurzeln in uns selbst. Das darf man nicht vergessen. Man verbreitet Leid und Tod nur um sich, wenn man ihnen im eigenen Inneren schon einen Platz eingeräumt hat ... also selbst bereits krank und sterbend ist.

'Den Tod säen' heißt auf feinstofflicher Ebene, dem Bewusstsein alle Hoffnung austreiben - und damit die Freude. Damit stürzt man es in tiefstes Vergessen.

Wenn Christus in den kanonischen Evangelien sagt, Er sei das Leben, so erweist Er sich damit zugleich als Repräsentant vollständiger Gesundheit - im Sinne der Allverbundenheit. Damit ist Er zugleich auch *Der, welcher sich erinnert.*

So gesehen ist der Tod nichts anderes als ein vorübergehender Zustand der Entfremdung von uns selbst. Ich schreibe diese Zeilen im vollen Bewusstsein ihrer vermeintlichen Lächerlichkeit. Ich weiß, wie irrwitzig abgehoben das für jemanden klingen muss, der seelisch oder körperlich vielleicht gerade tief in der Krise steckt. Doch der Ausweg aus dem Labyrinth, in dem die Menschheit sich verlaufen hat, kann erst zutage treten, wenn wir die Sache aus einer höheren Perspektive betrachten. Nur durch eine Gesamtschau unserer Lebensentwicklung und die Bewusstwerdung der Mechanismen, denen wir unterliegen, wird sich in unserem Inneren der Schlüssel abzeichnen, der unsere Befreiung ermöglicht. Auf die Gefahr hin, sich in Abstraktionen zu verlieren, muss man sich, bevor man lesen lernt, erst einmal mit dem Alphabet beschäftigen ...

# Im Wandel der Zeiten...

## Zweite Etappe

"Müssen wir dir wirklich auf solchen Wegen folgen? Wie soll ich auch nur ein Wort aus deinem Munde aufschreiben, wenn das so weitergeht!", murmelte Levi mit etwas klagender Stimme, während er auf einen Schotterpfad dahinstolperte. Die Gefährten hinter ihm schwiegen, runzelten aber die Stirn, schwer bemüht zu begreifen, was ihnen gerade widerfuhr. Sie wollten es wohl wirklich verstehen.

Meine Seelenaugen blieben an Myriam hängen. Ihres Alters ungeachtet schritt sie wenige Meter unterhalb zügig und gewandt voraus. Ihre Füße schienen alle Unebenheiten des felsigen Bodens zu kennen und ihre Hände wussten genau, welche Zweige sie fassen mussten, um zwischen den Büschen flink voranzukommen.

Sie antwortete nicht sofort auf die Frage des jungen Mannes aus Caesarea. Ihre Aufmerksamkeit galt eher den gut zwanzig Ziegen, die um sie herumsprangen und ihren Abstieg ins Tal begleiteten. Es war heiß. Sie hatten die Mäntel ausgezogen. Levi schleppte sich mit seinem Schreibzeug ab. Er hatte es unter den Arm geklemmt.

Das Gestrüpp wurde allmählich grüner, Wasserplätschern war zu hören, die Ziegen fingen an zu blöken und verschwanden in der Senke hinter einem großen Felsen, der von Korkeichen umrahmt wurde. Myriam folgte ihnen ...und setzte sich schließlich auf einen Stein, der schon auf sie gewartet zu haben schien. Er lag gleich neben einem Bach.

› "Was glaubst du denn, wie es war, als wir hinter dem Meister hergegangen sind?", stieß sie noch ganz atemlos an Levi gerichtet hervor. "Die Schule der Seele – das ist vor allem eine Lebensschule. Es stimmt, du hast noch nichts aufgeschrieben ... Aber ihr seid zu mir gekommen, um das Wesentliche zu hören. Diese Essenz befindet sich, wie gesagt, nun in meinem Körper ... und meiner Art zu sein. Schreib, wenn du willst, Levi ... schreib ruhig etwas auf. Ich fürchte nur, dass du den wahren Sinn und Zweck deiner Reise vergisst, wenn du zu sehr auf die geschriebenen Buchstaben starrst und dabei übersiehst, wie ich mich diesen Bäumen nähere oder die Ziegen streichle. Es ist so leicht zu vergessen! Seit wir auf der Welt sind, haben wir im Grunde kaum etwas anderes getan ...

Waren wir mit dem Meister zusammen, so ließ Er uns keinen Augenblick in Ruhe. Bewegung war sein Lehrsaal. Von seinem Herzen abgesehen gab es nichts Statisches an Ihm.

Wer etwas Konventionelles suchte, auf einer befestigten Straße mit Meilensteinen wandeln wollte oder es darauf abgesehen hatte, endgültige Wahrheiten zu erlangen, blieb nicht lange bei Ihm! Seine Lehre basierte auf der Tatsache, dass niemals irgendetwas in uns stehen bleibt. Er war die Wandlung, eine einzige Metamorphose, versteht ihr?

Damit machte Er uns begreiflich, dass es keine Veränderung geben kann, wenn man nicht immer aufs Neue zum Risiko erwacht.

Vorhin hörte ich euch über die Steine des Weges stolpern ... wie Leute, die nur die glatt polierten Platten der breiten, römischen Straßen kennen. Die meisten Menschen weichen nicht von den vorgespurten Hauptadern ab, die andere angelegt haben. Das ist Teil ihres Unglücks. Sie klammern sich an alles, was ihnen oberflächlich Sicherheit gibt. Ja, Rom hat Gesetzeshüter stets geschätzt. Im Schutze fester Mauern arbeiten sie am Vergessen des Wesentlichen. Dort fühlen sie sich sicher und sind froh, nichts mit dem Schwindel und Schwanken zu tun zu haben, den die Vision eines grenzenlosen Horizontes auslöst."

Da bekam einer der jungen Begleiter Levis Lust, bis zur Wade in den Bach zu steigen. Er stemmte die Hände in die Hüften und ich hörte ihn fragen:

› "Aber sag' mal ... Wie kommt es, dass du nicht mehr auf dem Holzweg bist? Wie kann man Frieden finden, wenn man sein Leben allein dem Abstreifen von Schutzschichten widmet? Und wie soll man die Angst ablegen, wenn alles in Bewegung ist? Wie soll man es anstellen, nicht mehr zu leiden? Du hast doch erst von Harmonie und Einheit erzählt - nun aber scheinst du Brüche und Risiken als Lehrmeister zu verherrlichen. Ich weiß ja nicht ..."

› "Der Meister hätte dir darauf geantwortet: "Du verstehst es nicht, Nathan, weil du Rost angesetzt hast." Eine andere Antwort hättest du von Ihm wohl nicht bekommen.

› "Nicht?"

› "Bestimmt nicht! Aber Er hätte dir ein Lächeln geschenkt - und dieses Lächeln hätte dir zugeraunt: "Hab Vertrauen zu dir, denn ich vertraue dir auch." Und dann hätte Er dich selbst die ersten Bewegungen deines wahren Lebens machen lassen. Sie sind immer anstrengend für Leib und Seele, weil sie den Rost abfallen lassen.

Hört nur weiter ... Wer ehrlich zu sich ist und wahrhaftig den Meister in sich sucht - ganz ungeschminkt und echt - begibt sich zwangsläufig auf unsicheres Territorium. Er tut dann gut daran, sich den einfachen Dingen der Natur zuzuwenden. Diese können ihm zum Refugium werden. Die Liebe zur Harmonie, welche in ihnen zum Ausdruck kommt, wird sein Pilgerstab. Merkt euch aber auch dies: Kein Pilgerstab ist dem anderen gleich, denn der Ewige erfindet durch uns ständig neue Lebensformen. Er lebt durch uns ... und wir sind durch Ihn.

Ja, genau wie der Meister lehre ich nun das Risiko. Aber weder weil ich mich von Seinen Vorstellungen verführen ließ noch weil Er das so bestimmt hätte - sondern weil ich die Wirksamkeit von Risiko und Bewegung bei jedem Schritt, zu dem ich mich entschlossen habe, in mir spüre. Darum seid ihr zu mir gekommen - weil ich eine lebendige Zeugin dessen bin, was Er verkörpert. Ich bin in Seine Fußstapfen getreten, habe mich aber frei dabei gefühlt - und zwar weil ich Seine Haltung nicht nachgeahmt, sondern intuitiv das Wesentliche daran wahrgenommen habe."

› "Lag das nur daran, dass du mehr an ihn geglaubt hast, als die anderen?", fragte einer der jungen Leute. "Was sollen wir tun, wenn wir uns zu solch intensiver Gläubigkeit nicht imstande fühlen?”

› “Aber nein ... es geht nicht um Gläubigkeit! Du hast mich falsch verstanden. Gläubigkeit ist eine blinde Kraft, die auf naivem Vertrauen gründet, völlig willkürlich ist oder gar jeglicher Vernunft entbehrt. Wahrer Glaube hingegen ist eine Gewissheit - das unmittelbare Wissen, um Das, was *ist* - und zwar unabhängig von der Zeit. Darum gibt es so viele ‘Gläubige’ in unserer Welt. Viele Menschen sind allzu leicht beeinflussbar. Sie nehmen es einfach hin, dass für sie gedacht wird - auch wenn es darum geht, was ihre Seele erfüllt. Menschen, die einen wahren Glauben leben, gibt es hingegen wenige. Glauben ist eine Gewissheit, verstehst du? Sie berührt uns bis in die Tiefen unseres Körpers hinein!

› “Ist das nicht eher Fanatismus?”, fragte Levi, während er sich mühte, ein Pergamentpapier zu entrollen.

› “Gläubigkeit generiert viele Fanatiker. Einem Dogma oder einer Reihe von Bildern anzuhängen, bedeutet fast immer, sich menschlichen Dekreten zu unterwerfen. Das ist jedoch völlig irrational. Man glaubt ja oft nur, weil schon die Eltern ‘gläubig’ waren, ebenso wie ihre Eltern und so weiter. Dann legt sich Rost auf die Seele. Sie entwickelt sich nicht mehr und wird unbeweglich. Sie rostet eben ein. Ihr werdet dann wie Holz, das man gewissenhaft wässert, um es noch härter zu machen. Genau aus diesem Holz sind halsstarrige Fanatiker gemacht!

Wahrer Glaube hingegen ist wie ein Windhauch. Keine Mauer kann ihn aufhalten, er dringt in jeden Kerker. Nichts kann ihn bremsen. Er versetzt euch in den Geist des Meisters, in jenen Raum, der mit keinem Wort zu fassen ist. Darin befindet sich die absolute Freiheit. An diesem Ort lässt sich die Bedeutung der Liebe wiederfinden, denn hier findet man sich selbst - hinter zahllosen Masken. Es ist auch der Ort, an dem 'jetzt' und 'immerdar' verschmelzen.

Meine Freunde, ihr strebt nach Wissen - so merkt euch vor allem eines: Wahrer Glaube ist geschmeidig. Löst also die Faust ... entspannt euch! Levi, merkst du nicht, wie verbissen du dich an deine Schreibtafel klammerst? Alle, die sich in den Welten, die wir durchlaufen, begegnet sind, haben denselben Glauben. Sie sprechen dieselbe Sprache. Diese geht den Sprachen ihrer Region voraus ..."

› "Ach, unsere Mutter, ist das schwer!", seufzte Nathan, als er aus dem Wasser stieg. "Wie kompliziert diese Einfachheit doch ist, die du uns da beibringen willst! Ich denke ständig darüber nach und gebe mir alle Mühe, meine Seele sprechen zu lassen ... ich kämpfe gegen meine Persönlichkeit an, wie jeder, der danach strebt, dem Ewigen zu begegnen, aber es hilft alles nichts! Ich verstehe noch immer nicht, wie du es angestellt hast, diesen Geistesfrieden zu erlangen." Myriam sah den entmutigten Jüngling lange an. Dann bat sie ihn, sich neben sie zu setzen und nahm liebevoll lächelnd seine Hand.

› "Nathan", sagte sie leise, "denken wird dich aus dem Traum, in dem du dich gefangen fühlst, nicht befreien. Intelligenz, so wie du sie verstehst, kann niemanden aus seinem Labyrinth aus Fragen und Leiden herausführen. Die Gesetzeshüter gehen seit unvordenklichen Zeiten mit ihr um, jonglieren damit herum - und konnten den wahren Frieden doch nicht finden ... und auch nicht verbreiten. Wenn einige von ihnen dennoch eine gewisse Weisheit erlangt haben, so nur, weil sie es geschafft haben, auch einmal 'aus ihrem Kopf' herauszutreten.

Die Vision der Pforte entfaltet sich durch den Übergang auf eine andere Seinsebene. Sie hat weder mit den Facetten unserer Persönlichkeit noch mit einer feinsinnigen Analyse der Windungen des intellektuellen Labyrinths zu tun. Nein ... es geht vielmehr darum, zwischen Geist und Seele eine Brücke zu schlagen.

Wenn man auf dieser Brücke steht, lüften sich allmählich die Schleier, einer nach dem anderen.[7] Besser kann man es nicht ausdrücken ... denn es gibt Worte, die noch nicht geboren sind. Weißt du, ein Wort kann erst dann zur Welt kommen, wenn es genug Menschen gibt, denen sein Sinnhorizont einleuchtet."

› "Ja, aber ...", warf Levi zögerlich ein ... "du sprichst von dieser Brücke und der Pforte, weil du sie kennst, weil du dort stehst und schon siehst, was dahinter ist. Aber wir, wie sollen wir damit umgehen? Du sagst doch selbst, dass der Horizont, dank dessen wir anfangen können, Etwas zu wissen, eigentlich noch gar nicht auf der Welt ist. Wir hängen in der Luft ..." Myriam lächelte. Sie beugte sich herab, hob ein Steinchen auf und warf es in spielerischer Verschworenheit nach Levi.

› "Sieh mal, ... merkst du nicht, dass ich genau deswegen hier bin? Ihr könnt mich doch anfassen, dann färbt die Weisheit meines Körpers - das, was er verstanden hat - auf euch ab ... Und wenn ich von euch gehe, wird etwas wie ein Duft von mir zurückbleiben. Viele Menschen werden diese Spur aufnehmen. Ich werde euch dann von beiden Ufern einen neuen Sinn einhauchen. So ist es mit allen, die wahrhaftig lieben.

7 Heute könnte man vielleicht von 'höherem Bewusstsein' sprechen.

Man kann die höchsten Wahrheiten und größten Visionen niemandem aufdrängen, wisst ihr. Die Erfahrungen anderer reichen für uns niemals aus.

Der Meister hat nicht etwa einen Durchgang zwischen meiner Seele und meinem Geist geschaffen. Er hat mir nur gesagt, dass dieser bereits existiert. So bin ich selbst zum Handwerker meines Erwachens geworden. Anders kann es auch gar nicht sein.

Daher kann ich die Pforte in euch nicht öffnen. Ich kann euch nur darauf hinweisen und euch mit ihren Umrissen vertraut machen. Es *gibt* sie ... Sobald ihr das verstanden habt, könnt ihr meiner Einladung, sie zu durchschreiten, folgen. Genau darin besteht die Aufgabe eines 'Erweckers'. Meister ist, wer einem anderen die Möglichkeit eröffnet, selbst Meister zu werden. Nun gut, unsere Ziegen bleiben vielleicht hier. Lasst uns aber weiter ins Tal hinunterziehen."

# Zweite Bewegung

Stagnation

## Das Vergessen

(Zeilen: 10, 11, 94-96, 243-244)

Krankheit und Tod sind indirekte Folgen einer Amnesie – so viel macht die Botschaft Maria-Magdalenas uns deutlich. Wir wissen nicht mehr, woher wir kommen, ja nicht einmal mehr, wer wir sind. Da ist nur noch die ungefähre Ahnung einer Bindung, wie eine gestrichelte Linie, an der wir uns entlangtasten, um zurückzufinden.

Es mag eine gewisse Spitzfindigkeit darin liegen, immer wieder darauf herumzureiten und auf die Falle des Vergessens hinzuweisen. Es kann uns jedoch den Weg vor Augen führen, den wir gegangen sind ... und uns zur Umkehr bewegen, damit wir nicht weiter darin versinken.

Letztlich geht es im Spiel all dieser Trennungen, welche aus *der* großen Trennung hervorgegangen sind, wirklich um ein 'Versinken'. Man könnte sogar von 'Stranden' sprechen, von 'Steckenbleiben' oder eben von 'Stagnation'.

Im Laufe der Zeit - sofern es überhaupt sinnvoll ist, in diesem Zusammenhang von Zeit zu sprechen - haben wir in den vielen illusionären Welten, in denen wir uns bewegten, Spurrillen hinterlassen. Wir haben den Boden mit unseren Füßen aufgescharrt und Schichten freigelegt, die unterschiedlich dicht sind. Durch dieses Aufkratzen gerieten wir immer tiefer hinein und entfernten uns immer weiter von uns selbst. Wir vergruben uns in Äußerlichkeiten, blieben daran haften und kamen zunehmend von der ursprünglichen Wahrheit ab.

Was es bedeutet, frei zu atmen und den göttlichen Hauch in sich zu spüren, geriet dabei völlig aus dem Blick.

Stagnation kann auch bedeuten, im Schlamm stecken zu bleiben - im Dreck ... man wird schmutzig dabei, zumindest an der Oberfläche. Jedenfalls ist es schwer wieder herauszukommen. Der Wagen gerät ins Schleudern, man kommt nicht vom Fleck und bohrt sich in sinnloser Bewegung womöglich noch tiefer. Wir stecken ja nur mit dem Körper im Schlick - also innerhalb unserer Scheinwelt - haben dabei aber jeden anderen Halt aus den Augen verloren. Darum fressen wir uns immer tiefer in die Furche hinein, die unter uns entstanden ist. Entsprechend greift das große Vergessen zunehmend um sich. Die Karten, mit denen wir spielen, sind aus dieser Amnesie hervorgegangen. Und so gibt sie uns letztlich Sicherheit.

## Vergessen verschafft Sicherheit

(Zeilen: 79, 80, 332)

Es mag überraschen, Vergessen mit Sicherheit in Verbindung zu bringen. Aber wir wissen sehr wohl, dass es uns eine gewisse Ruhe verschaffen kann, auch wenn diese im Grunde trügerisch ist ... Entsprechend ist es, wenn wir einfach nicht mehr an etwas denken wollen.

Das erleben wir ja ständig. Heutzutage wollen viele Menschen bestimmte Facetten ihrer Vergangenheit vergessen – oder gar ihr ganzes bisheriges Leben. Vielleicht weil es einst so schön war und sie nun keinen Zugang mehr dazu haben oder weil es von schmerzlichen, schwer erträglichen Ereignissen bestimmt war.

Das gilt nicht nur für einzelne Leben, sondern vor allem auch für die enorme Bewegung des Lebens selbst.

Wir haben uns ins Vergessen geflüchtet. Wir wollen nichts mehr wissen ... aus Angst vor einem Licht, das uns befreien, aber auch verletzen könnte. Direkt in die Sonne zu blicken macht bekanntlich blind! Darum fühlen wir uns hinter den Gitterstäben des Gefängnisses, welches wir uns gebaut haben, so geborgen. Das ist doch viel sicherer, als sich einem Horizont zu öffnen, den wir schon gedanklich kaum fassen können.

Daher kann die Schönheit der Inkarnation sich anfühlen wie eine Gefangenschaft. Unser Körper wird zum Kerker. Wir selbst sind die Gefängniswärter und können uns gar nichts anderes mehr vorstellen! Könnte es etwas Absurderes geben? Ich glaube, wir leiden vor allem darunter, dass viele Menschen aufgrund der Ausmaße dieser Amnesie kaum noch Hoffnung haben.

Wir haben eine Welt geschaffen, in der es keine innere Sonne gibt. Ihre Existenz wird offiziell einfach geleugnet. *Es ist schlichtweg unerwünscht*, dass Hoffnung aufkommt ... Anderenfalls müssten wir einsehen, wie tief wir im Schlamassel stecken. Das wäre doch furchtbar, oder?

So haben wir uns daran gewöhnt, unangenehme Situationen, Unbehagen oder gar Schmerz als treue Lebensbegleiter hinzunehmen und übersehen konsequent die vertrackte Verschworenheit, die wir mit ihnen pflegen. Irgendetwas in uns fühlt sich in der Sicherheit der Stagnation zu Hause und sträubt sich gegen die Schwindelgefühle, welche mit großen Veränderungen nun mal einhergehen.

Im Schwimmbad den Beckenrand loszulassen, um schwimmen zu lernen ... sich zu lockern, um angeborene Gesten tief aus unserem Inneren aufsteigen zu lassen, scheint ein unüberwindlicher Schritt zu sein.

Ich würde fast von einem Hang zum Leiden oder gar von 'Liebe zum Leid' sprechen, selbst wenn dieser Ausdruck etwas zu stark erscheinen mag. Wir hängen innig an unseren Wunden, weil sie uns vertraut sind. Wir identifizieren uns mit ihnen. Das hat etwas Selbstzerstörerisches. Wir haben eine Gesellschaft entwickelt, in der einem exzessiv die Flügel gestutzt werden. Es ist geradezu absurd. Alles, was unmittelbar auf göttliche Gegenwart hinweisen könnte, wird als naiv und lächerlich verschrien. Es wirkt völlig unzeitgemäß, muss also angeschwärzt und bekämpft werden. Die Nivellierung kommt von unten. So wird alles noch materieller.

## Die Opferrolle einnehmen

(Zeilen: 8, 12, 51, 79, 80, 136, 137, 149, 167, 223, 224, 290-292)

In einer Welt, in der Illusionen immer mehr um sich greifen, müssen wir uns in erster Linie folgende Frage stellen: "Wollen wir wirklich verstehen, was da geschieht? Wollen wir es wirklich?" Diese Frage betrifft uns alle, weil die Antwort von jedem Einzelnen kommen kann - und muss.

Die Gemeinschaft, mit all ihren Sorgen und Nöten, ist nur das getreue Abbild individuellen Leids. Sie ist schwer zu fassen, bildet aber aufs Ganze gesehen eine psychische Kraft, zu der wir alle mehr oder minder beitragen. Folglich kann die Gemeinschaft uns nicht dabei helfen, aus der Sackgasse, in die wir geraten sind, wieder herauszukommen. Wir haben die Karten des Spiels, mit dem wir uns herumschlagen, selbst verteilt. Auch die Deutung dieser Karten hängt allein von uns ab, ob uns das nun gefällt oder nicht. Wir machen es selbst so kompliziert. Im Laufe der Zeit haben wir es so eingerichtet - besser gesagt 'ausgeheckt' - und uns immer wieder hinter Ausflüchten versteckt wie hinter Schleiern.

Nun sollten wir endlich einsehen, wie viele Menschen eine Opferrolle einnehmen. Wir spielen das absurde Spiel des Opfers. Es dient als Ausrede, um unser Leben nicht in die Hand nehmen zu müssen. Wir haben uns im Unbehagen gemütlich eingerichtet. Anstatt wahre Willenskraft an den Tag zu legen, bleiben wir passiv. Darauf wird im *Evangelium nach Maria-Magdalena* mehrfach hingewiesen.

Es geht in diesem Werk viel mehr um *Wollen*, als um *Können*.

Der Begriff des Willens spielt im Zusammenhang mit unserer Stagnation eine herausragende Rolle. Es wird kein Wunder geschehen. Wir werden nicht von Gottes Gnaden aus unserer misslichen Lage befreit. Es gibt jedoch eine Reihe von Möglichkeiten, auf den richtigen Weg zurückzufinden - und alle haben mit Willenskraft zu tun. Sie ist der Schlüssel. Wenn wir ihn finden, können wir die verfahrene Situation überwinden und die schwere, erstickende Maske des Opfers ablegen.

Wahres Verständnis erringen kann nur, wer wirklich verstehen will ... und wer über genug Lebenserfahrung verfügt, also lange genug gelebt hat, um klare Prioritäten zu setzen. Angesichts des Weges, den die Menschheit bisher eingeschlagen hat, sieht es ganz so aus, als müssten wir den Kelch der verrückten Träume - der radikalen Materialität - erst bis zur Neige leeren. Erst dann kann der Impuls zum Aufstieg in uns erwachen.

Wahrer Wille entsteht, genau wie echte Kraft, oftmals kurz vor der Erschöpfung, am Ende der langen Seelenreise. Müssen wir uns so lange fatalistisch in unser Schicksal fügen? Können wir wirklich nichts ändern, bis das Maß an Leid voll ist? Sicherlich nicht! Das wäre wenig hilfreich, eher schon masochistisch.

Schließlich haben wir auch noch einen freien Willen. Er ist sogar das entscheidende Merkmal der gegenwärtigen Lebenswoge. Wozu noch an der Dualität festhalten, in deren Licht wir mal als 'gut', mal als 'durch und durch zerstörerisch' gelten? Wir sind doch Wesen im Umbruch - eine einzige

Baustelle. Es ist unsere Aufgabe, die Weisheit der Schöpfung weiterzuentwickeln. Daher ist es an uns zu entscheiden, wann wir der Irrfahrten überdrüssig sind.

Die ersten Stufen der Bewusstseinsentwicklung sind zweifellos am höchsten. Der Zustand der Finsternis, der Zuneigung zur eigenen Gefangenschaft, ist zäh. Wie schwer dieses Stadium zu überwinden ist, spricht auch Myriam von Magdala in ihrer symbolischen Schilderung der Seelenreise an.

Bemerkenswert ist vor allem unsere Verbindung zu 'Schlamm und Schmutz', also zur Schwere. Sie trägt wesentlich zur angesprochenen Stagnation bei. Aber wiederum ist es nur unsere Schwere - wir lassen sie zu, lassen uns bis zu einem gewissen Grad darauf ein. Es wäre völlig verfehlt zu glauben, es handle sich dabei um eine Kraft, die außerhalb von uns liegt. Sie ist eine Erfindung der Lebensform, die wir uns angeeignet haben, ein wesentliches Element des 'Fehlers', welchen der Meister ablehnt. Wie tief wir im Schlamassel stecken, darüber entscheidet allein, wie wir die Welt und uns selbst sehen.

## Die Schwäche

(Zeilen: 26-30, 157, 158, 261-264, 268-269, 317, 318, 388, 389)

Schwäche wird vom Lehrmeister immer wieder angeprangert. Sobald von Mut und Willen als unabdingbare Voraussetzungen für Heilung und inneren Aufschwung die Rede ist, so erinnert das zwangsläufig daran, dass auch ihr Gegenteil uns ständig anhaftet.

*Das Evangelium* sieht in der Schwäche das entscheidende Hindernis unserer Befreiung. Sobald wir ihr Einlass gewähren und ihr erlauben, sich in uns breit zu machen, werden wir krank, gleichsam sterbend. Wir stecken fest. Schwäche ist eine Form von Lethargie, die uns umschließt wie eine Muschel. So könnte man es vielleicht sagen. Wir müssen ihr Gehäuse unbedingt aufbrechen, denn sie steht jedem kreativen Impuls, jeder schöpferischen Regung entgegen. Ein entscheidender Schritt zur Selbstbefreiung ist es, diesen Zustand zunächst einmal wahrzunehmen und zu begreifen, wie sehr man sich selbst im Wege steht. Davon bin ich überzeugt. Dann kann es gelingen, den Kerker hinter sich zu lassen. Um sich bewusst zu werden, dass man in einer Sackgasse steckt, muss man in der Lage sein, die Mauern und Einfriedungen zu erkennen, aus denen sie besteht. Insofern ist es ein Zeichen geistiger Klarheit, seine Willenschwäche überhaupt zu erkennen. Ist man bereit, die eigene Sichtweise offen und ehrlich zu hinterfragen, wird man eher akzeptieren, dass einem die Augen geöffnet werden. Insofern hat Scharfblick auch etwas mit Demut zu tun. Wir brauchen sie unbedingt, um Zugang zu der Kraft zu bekommen, die uns noch fehlt. Es ist also ein Schritt in Richtung Wahrheit.

Wer etwas *erlauschen und verstehen* will, kommt ohne Demut nicht aus.

## Von der Materie lernen

(Zeilen: 100-102, 115, 116, 121-128, 161, 285-288)

Auf dem Hintergrund dieser Überlegungen, ist es naheliegend, die materielle Welt zu verteufeln. Das haben viele Religionen auch getan. Schließlich könnte man in ihr eine Reihe schillernder, trügerischer Spiele sehen, die unsere Seele von der Reinheit des Ursprungstraums nur immer weiter entfernen.

Diesem Dilemma sind wir bislang nicht entronnen. Wir stecken weiter in der Klemme, denn wir haben noch immer nicht verstanden, welche Funktion unser enormes Vergessen und die daraus resultierende Stagnation eigentlich hat. Das ist die größte Falle, in die wir gegangen sind.

Doch unsere Entfernung vom Ursprung, von der Quelle, unsere ständigen Abirrungen ... werden vom Göttlichen gewissermaßen 'verwertet'. Es nutzt sie als Möglichkeit der Einweihung. Je länger wir sozusagen in der Rinde des Lebensbaumes feststecken, desto größer wird unsere Sehnsucht nach dem inneren 'Mark', unser Durst nach seinem Saft.

Die Materie wird hier als etwas dargestellt, das noch im Bereich größter Dichte den Keim der Erlösung in sich trägt. So gesehen ist Inkarnation etwas ganz Wesentliches - eine Lehrmeisterin im allerbesten Sinne. Mit Blick auf die Alleinheit, an die wir bereits auf den ersten Seiten des *Evangeliums* erinnert werden, leuchtet das auch völlig ein. "Das Eine nährt die Vielfalt und die Vielfalt verweist ständig auf das Eine ..."

Uns gegen die materielle Welt aufzulehnen, bringt uns folglich nur noch weiter vom Ziel ab. So machen wir die Gräben nur tiefer. Wir befördern damit die Trennung.

Die materielle Welt, von der wir täglich umgeben sind, führt uns unablässig Auflösung und Entfernung vom Ursprung vor Augen. Zugleich aber wirkt sie auf höchst subtile Weise an der großen Wiedervereinigung mit, ganz im Sinne des berühmten *solve et coagula* der Alchemisten.

Um in den vollen Genuss der Initiation zu kommen, die damit einhergeht und nicht der Last des Materiellen zu erliegen, gilt es, ganz bewusst mitzuspielen. Das kann man lernen. Wir leiden nur deshalb so sehr unter der Verstrickung ins Materielle, weil wir uns nicht klarmachen, wie vergänglich und trügerisch alles ist, was wir erleben.

Mir ist durchaus bewusst, wie viel einfacher es ist, eine solche Behauptung aufzustellen, als wirklich danach zu handeln! Doch bevor etwas Neues anwendbar ist, muss es erst einmal gedacht und formuliert sein. Nur was unserem Denken zugänglich ist, was wir prinzipiell verstehen, wird im geeigneten Moment auch unserem höheren Bewusstsein - dem Nous - verfügbar sein - und zu höherer Erkenntnis führen. Der erste Schritt ist, etwas zu begreifen. Dann lässt man es im Herzen reifen und erst danach macht man es sich wirklich zu eigen. Erst in diesem Stadium kann man zum 'Zeugen' oder 'lebenden Beweis' einer Sache werden.

Genau diesen Zustand führt Maria-Magdalena uns in ihrem Evangelium vor Augen. Sie ist 'Zeugin'. Der Weg aber, den sie zurückgelegt hat - bis an den Punkt, an dem sie sich 'Liebste' nennen durfte - ist auch *unser* Weg.

Diese Jüngerin ist nicht 'als Meister vom Himmel gefallen'. Sie ist wie wir - einfach ein Mensch, der sich mit aller Kraft aus eingefahrenen Bahnen befreit hat, um mit vollem Bewusstsein zum Pilger zu werden.

Sie ist nicht bloß 'eine Gläubige', sie verkörpert den 'wahren Glauben'.

In diesem Zusammenhang möchte ich darauf hinweisen, dass Maria-Magdalena in dem uns vorliegenden Text an keiner Stelle als Sünderin angesprochen ist, im Gegenteil. Ganz anders als in den kanonischen Evangelien, wo sie als bekehrte Prostituierte erscheint, wird hier ständig auf ihren privilegierten Status hingewiesen. Ehrlich gesagt, bestätigen meine zahlreichen Vorstöße in die Akasha-Annalen diese Darstellung. Die historische Myriam von Magdala hat nie das ausschweifende Leben geführt, das ihr von der Kirche unterstellt wird. Sie war einfach eine freie Frau, im modernen Sinne - also bereit, den Normen ihrer Zeit zuwiderzuhandeln ... und entsprechend angreifbar.[8]

Ursache ihrer Skandalträchtigkeit ist allein ihr Mut und ihre Unangepasstheit. Die ersten Kirchenväter haben diese Facette ihrer Persönlichkeit genutzt, um den Archetyp der 'reuigen Sünderin' zu erschaffen.[9]

---

8 Siehe das letzte Kapitel dieses Buches, "Ein Blick auf die 'Liebste'."

9 Essener Visionen, vom selben Autor, Silberschnur Verlag.

Entsprechend wurde der Apostel Thomas zum Sinnbild des Ungläubigen. Auch das hat mit den historischen Tatsachen nichts zu tun.

Ich möchte noch einmal auf die materielle Welt und die Materie zurückkommen. Es ist hier von ihrer Vergänglichkeit die Rede. Es heißt, sie sei nur eine vorübergehende Erscheinung. Man könnte sie also mit einer Schulklasse vergleichen, die wir unbedingt durchlaufen müssen. Durch unsere Entfernung vom Ursprung und wiederholtes Verleugnen - wie etwa Simon Petrus kurz vor der Kreuzigung - sind wir streng genommen wieder in den 'Kindheitszustand' zurückgefallen. Wir müssen unsere 'Abschlussprüfung' noch einmal machen - die Prüfung des Lebens.

Der Meister macht deutlich, dass die Materie erfunden wurde, um uns als Einweihungsweg zu dienen. Sie folgt einer ganz eigenen Logik. Sie wirkt völlig eigenständig, unverwüstlich und ist einfach nicht kleinzukriegen. Um sie kommen wir nicht herum. Darin liegt geradezu etwas Herrisches. Dennoch ist sie aufs Ganze gesehen höchst trügerisch.

So wie wir sie erleben, wird sie zur Mutter-Wurzel des Lebensbaumes zurückgerufen. Wenn wir unser 'höheres Bewusstsein' - wie ich das genannt habe - nicht erblühen lassen und uns ihr unterwerfen, wird sie uns verletzen. Das gilt es zu verstehen. Erst ein umfassendes, intuitives Herzensbewusstsein *Dessen, was Ist*, kann die Welten, die im Zuge unserer vielen Rebellionen entstanden sind, wieder auseinandernehmen.

## Die Natur bringt uns wieder ins Gleichgewicht

(Zeilen: 153 - 156)

All das zu wissen, ist ein schwacher Trost, werdet ihr sagen. Wahrheiten, die ausgesprochen werden, führen nicht zwangsläufig zu geistigem Wachstum, das stimmt schon. Zum Glück fordert uns das Evangelium der *Myriam von Magdala* nicht auf, große metaphysische Theorien zu wälzen. Es zeigt uns wirkliche Wege auf, gibt uns Hinweise - und sei es nur, wie wir überleben können, während wir mental in der materiellen Welt feststecken.

Der entscheidende Hinweis betrifft den Umgang mit der Natur. Der Meister sieht die Natur als eine Manifestation des Materiellen, in welcher die Verbindung zum Göttlichen auf ganz selbstverständliche und spontane Weise zum Ausdruck kommt.

Man könnte sagen, sie führt zu einem Aufblühen des berühmten 'Nous', das den Gnostikern so wichtig war. Von der Begegnung mit der Natur wird stets unser ganzes Wesen ergriffen. Sie spricht nicht nur das Denken an, sondern gemahnt an den 'ursprünglichen Traum'. Wie in einem Spiegel wird ein Harmonieideal in ihr sichtbar, das uns grundsätzlich zugänglich ist. So leistet sie einen ersten Beitrag auf dem Weg zu Stabilität und heilsamem Frieden in unserer Welt. Sie bietet Orientierung, um eine noch tiefere Verstrickung ins Spiel der Masken zu verhindern.

Dennoch präsentiert der Lehrmeister die Natur nicht als letztgültige Wahrheit, an der wir uns unbedingt orientieren müssen. Sie wird nicht romantisch verklärt. Es geht nicht um Schwärmerei, sondern um Schönheit und Stimmigkeit.

Sie ruft uns ins Gedächtnis, *Was* oberhalb der Leiter *lebt*, die wir herabgestiegen sind, mit all den damit einhergehenden Verzerrungen.

Die 'Bilder der Natur' sind zwar auch eine Illusion, bergen aber das Potenzial, uns 'wieder in unsere Mitte zu bringen', wie man heutzutage so schön sagt. Es ist ein unverbrüchliches Zeichen von Weisheit, sich bestimmter Illusionen wie eines Sprungbrettes bedienen zu können. Diese Wahrheit zu leugnen, käme sprödem Nihilismus gleich, der uns austrocknet - denn wenn man die Dinge in dieser Weise zu Ende denkt, könnte man auch im Meister und Seiner Lehre eine bloße Illusion sehen.

Um noch einmal auf die Natur zurückzukommen: Im Umgang mit ihr wird uns vor allem Kontemplation ans Herz gelegt. Diese 'freie Meditation' der Naturbetrachtung beinhaltet etwas, das noch nicht angesprochen wurde und zwar das *Heilige*.

Ein Bewusstsein für das genuin Heilige gehört wesentlich zur Zentrierung des Geistes in der Kontemplation.

In ihrer ganzen Vielfalt gibt die Natur uns Hinweise, wie wir den Bruch zum Göttlichen überwinden und den Ausweg aus unserer eingefahrenen Lage finden können. Freilich besteht auch sie aus Materie. Doch wie wir gesehen haben, ist Materie nichts Schlimmes. Sie hat nichts Feindliches an sich. Bis tief in die Schönheit der Spiele hinein, die sie erfindet, entfaltet sich Göttliches in ihr.

## Drei Stadien der geistigen Entwicklung

(Zeilen: 16-19, 31-36, 204, 249-251, 255, 364-366)

Um etwas zu verstehen, genügt es nicht, Wissen erworben zu haben ... Und wenn man etwas wirklich kennenlernen will, reicht es nicht, es nur zu verstehen. Dieser Wahrheit können wir erst in den Tiefen unserer Verstrickung im Materiellen überhaupt näher kommen. Insofern geht es zunächst weniger um unseren Intelligenzquotienten, wenn wir den Weg der Befreiung anschlagen. Man könnte sagen, *Wissen* im Sinne erworbener Kenntnisse betrifft den Körper des Bewusstseins, während *Verstehen* mit der Seele des Bewusstseins zu tun hat. Ein *wahrhaftiges, tieferes Wissen* hingegen bringt den Geist des Bewusstseins zum Ausdruck.

Wir können uns dem Leben also auf drei verschiedenen Ebene nähern, es auf drei unterschiedliche Weisen wahrnehmen - sehen und hören.

Ich werde wohl kaum auf Widerspruch stoßen, wenn ich sage, dass Spiritualität letztlich eine Suche nach Glück ist. Ziel jeder Spiritualität ist die friedvolle Verschmelzung mit dem 'Ganzen'.

Allerdings führt es meist nicht zu der erhofften Glückseligkeit, einen Glauben anzunehmen, religiöse Rituale zu befolgen und sich mit theologischen Inhalten zu befassen. Die Worte des Apostels Simon Petrus verweisen ganz deutlich darauf, dass uns *etwas* fehlt. Der Zugang zur Fülle ist uns verwehrt. Er hält sich ständig im Umkreis Christi auf, genau wie die anderen Jünger - dennoch sind ihre Herzen spröde und leer. Sie sind freudlos und dürsten nach innerem Frieden, ohne ihn erlangen zu können. Sie haben Wissen, verstehen auch vieles - doch *höhere Erkenntnis* fehlt ihnen. Sie sind noch nicht in die Region des *Nous* vorgedrungen. Der Schlüssel zur intuitiven Erkenntnis des höheren Bewusstseins fehlt ihnen. Es gelingt Petrus und den Jüngern weder die Ebene des analytischen Verstandes hinter sich zu lassen noch die bloße Nachahmung des Meisters zu überwinden.

Darin zeigt sich, dass es bei der Befreiung nicht darum gehen kann, vorgefertigte Konzepte zu befolgen.

Indem man das Leben analysiert oder ein Bild des Göttlichen imitiert, entgeht man der 'geistigen Lähmung' nicht und kommt aus der Stagnation nicht heraus. Man muss seinen eigenen Ausweg finden. Das ist etwas ganz Individuelles. Sonst bleibt man weiterhin auf der Strecke. Wer sich im unmittelbaren Umkreis der Sonne aufhält, kommt nicht zwangsläufig in den Genuss ihrer Wohltaten. Dafür muss man schon eine gewisse Reife mitbringen.

Denkt nur einmal darüber nach: Vor zweitausend Jahren war es möglich, dem Meister Tag für Tag zu begegnen, ohne deshalb gleich das eigene Leben ändern zu wollen. Auch die beste Saat bedarf eines Ackers, auf dem sie gedeiht! Daher muss man zuvor den Boden bearbeitet haben.

Selbst heute werden Weise oder geistig hochentwickelte Menschen oft schlecht gemacht. Das ist mir immer wieder begegnet. Im Kern ging es bei diesen herabsetzenden Äußerungen stets um eines: "Der oder jener hat mich enttäuscht. So großartig und erleuchtet kann er wohl nicht sein - *ich* habe nämlich in seiner Nähe fast nichts gespürt." Ist es nicht unglaublich zu behaupten, man könne über alles kluge Urteile fällen, ohne im Geringsten die eigene Wahrnehmungsfähigkeit infrage zu stellen?

Entsprechend ist Simon Petrus noch nicht in der Lage, das Wort, welches die Seele aus ihren eingefahrenen Bahnen befreit, aufzunehmen. Er steht in diesem Evangelium für eine männlich geprägte, streng rationalistische Auffassung. Entsprechend nähert er sich zwar der Pforte, kann sie aber nicht wahrnehmen. Anders als Andreas, der nur abstraktes Wissen hat, beginnt Simon Petrus gerade erst zu verstehen. Wahres Wissen aber erlangt man erst auf einer höheren Bewusstseinsstufe. Diese scheint unter den Jüngern allein Maria-Magdalena entwickelt zu haben. Darum war sie wohl auch die 'Liebste' Christi.

# Im Wandel der Zeiten…

## Dritte Etappe

Ein Saumweg zog sich zwischen Lavendelbüschen hin. Leicht gebeugt eilte Myriam den Pfad entlang, gefolgt von einer anderen Frau und den vier jungen Leuten aus Caesarea.

Jenseits der Illusion, dass Jahrhunderte dazwischenlagen, vertiefte sich mein Blick sanft in diese Szene. Ich ging ganz darin auf.

Hinter einer Zypressengruppe stand in der Sonne eine bescheidene Hütte aus Trockensteinen mit einem angebauten Schuppen. Ich sah, wie sie alle darauf zugingen. Die Türe stand weit offen und Myriam trat mit aller Selbstverständlichkeit ein, als sei sie hier zu Hause. Im Dämmer war eine gebückte Gestalt zu erkennen. Sie war dabei, ein paar Gegenstände aus Holz und Metall zu reinigen.

› Guten Tag, Elitiana!

Bei diesem kraftvollen Ruf hob die Gestalt den Kopf. Unter einem schemenhaft sichtbaren Turban aus grobem Stoff war nun das Gesicht einer Frau auszumachen. Es war bereits von der schweren Feldarbeit gezeichnet. Elitiana erhob sich sogleich und fiel Myriam um den Hals.

Ein paar Worte wurden gewechselt, man stellte sich kurz vor und machte sich dann daran, ein gutes Dutzend Käselaibe, die in einer Ecke auf einem Weidengeflecht abgetropft waren, auf frisch gepflückte Blätter in einen Korb zu schichten. Ich begriff, dass sie weiter unten ins Tal getragen werden sollten, um sie im Dorf gegen andere Nahrungsmittel einzutauschen.

Levi und die anderen schwiegen. Sie wechselten nur flüchtige, erstaunte Blicke.

Myriam und ihre Begleiterin begannen, etwas zu summen, eine einfach Weise ohne Refrain, dann machte sich die kleine Gruppe wieder auf den Weg durch die Garide.

› "Warum tust du das, unsere Schwester?", sagte Levi schließlich, als er die beiden Frauen eingeholt hatte. "Du hast doch so viel zu lehren und vor allem hast du Ihn doch selbst gekannt! Warum lebst du wie eine einfache Bäuerin? Sag es uns bitte ... Mir scheint, du erklärst so wenig!"

Die Jüngerin aus Magdala drehte sich kurz um und warf ihm einen amüsierten Blick zu.

› "Hast du mir zugesehen, Levi, siehst du mich überhaupt? Ich habe dir ja gesagt ... dass ich nicht in Worten spreche. Der Meister hat mich gelehrt, selbst zu einer Geschichte zu werden ... Das versuche ich ... wie Er es auch so wunderbar verkörpert hat. Also geben sich meine Augen, mein Mund, meine Hände und meine Füße alle Mühe, die schönste Geschichte zu erfinden, die man sich nur denken kann. So einfach ist das!"

› "Wieso 'erfinden'? Zeugst du nicht von der Wahrheit? Ach, es gibt noch so vieles, das wir nicht verstehen ..."

› "Aber natürlich sage ich 'erfinden' - wir erfinden unser Leben doch ständig neu! Wir weben es in jedem Augenblick nach dem Muster, das wir unserem Herzen einprägen. Du hast die Rolle des Schreibens eingenommen, Levi - das ist 'deine Erfindung' ... Ich hingegen möchte meine Gesten zum Sprechen bringen. Ja, ich kann Käse machen, Kräuter pflücken und damit Ölmischungen zubereiten. Ich verstehe es, meine Hände auf die Haut einer anderen Hand zu legen ... aber vor allem habe ich gelernt, mich ohne Worte zu äußern, wo eine einfachere Ausdrucksweise gefragt ist. Worte sind oft das letzte Glied in der Kette bei unserem Zugang zum Licht."

› "Aber es heißt doch, 'am Anfang war das Wort'", warf da der Jüngste aus der Gruppe ein.

› "Ja, Eliazar, 'am Anfang'! Alles ist aus 'dem Wort' entstanden, aber die Sprache, die uns zur Verfügung steht, ist nur ein entfernter Abklatsch davon. Wir können einen Kelch daraus machen, um unseren Durst zu löschen. Aber ein Kelch bekommt mit der Zeit Risse und zerbricht zuletzt. Dann können wir nur noch versuchen, die Scherben aufzulesen. Der Meister hat uns Sein Wort gelehrt ... aber zur Erkenntnis hat Er uns auf anderem Wege geführt. Sein Wunder hat Er mit Seinen strahlenden Augen und Seinen reinen Händen in dieser Welt vollbracht. Seht zu, wie ich lebe ... dann legt Er vielleicht Worte in euch, die ich nicht sagen kann.

Ihr seid auf der Suche nach einem Zeugen hierhergekommen, nicht wahr? Nun - ihr habt einen gefunden! Ein echter Zeuge trägt die Maske dessen, der ihn inspiriert hat. Sein Geist lebt in ihm weiter ... so setzt er Sein Werk fort.

Niemals wird er etwas nur wiederholen! Glaubt mir, meine Freunde, die Liebe, welche der Meister uns nahebringt, steht nicht im Zentrum einer Welt, die aus Argumenten, Definitionen und Vorschriften gebaut ist. Sie besteht darin, zuzuhören und zu schauen ... Sie ist sehen, schmecken und auch spüren! Außerdem ist sie eine Art zu sein - also zu nehmen und zu geben. Sie ist eine Wegkreuzung!"

Die kleine Gruppe ging nun ein steiles Stück neben einem Weinberg entlang und kam alsbald auf einem Dorfplatz heraus. In einer Ecke des Platzes war ein Felssturz, aus dem etwas Wasser floss. Da drängten sich gut zehn Frauen mit Kindern und füllten Kannen und Krüge, um sie dann auf ihre Esel zu laden. Die Armut, die hier ganz offensichtlich herrschte, trat hinter dem fröhlichen, geschäftigen Treiben der Bewohner völlig in den Hintergrund. Es war schön anzusehen. Fisch wurde verkauft, Gemüse und Getreide ...

Myriam und ihre Begleiterin gingen direkt auf eines der bescheidenen Gebäude zu, die den Platz umrahmten. Ich sah, wie sie sich einfach auf den Boden setzten und an eine Steinmauer lehnten. Es sah fast so aus, als hätte dieser Platz schon auf sie gewartet, als sei er für sie reserviert.

Die vier jungen Leute hingegen waren verlegen. Sie wussten nicht recht, ob sie sich dazusetzen ... und wie sie überhaupt in Verbindung bleiben sollten, mit der Frau, der sie doch zuhören wollten.

Myriam schien sie aus dem Augenwinkel zu beobachten und sich über ihre Lage zu amüsieren, während sie ihren Käse auf dem Boden ausbreitete.

› “Kommt nur, kommt her!”, rief sie endlich und streckte den Arm nach den jungen Männern aus.

Doch nun näherten sich nicht nur Levi und seine Freunde. Auch Kinder rannten herbei, überholten sie, und so waren Myriam und ihre Begleiterin alsbald von einer frohen Schar umringt, in die sich auch Männer und Frauen mischten. Es war klar, dass sie nicht nur kamen, um Käse zu kaufen. Fast alle wollten Myriam eine Wunde zeigen oder enthüllten unter dem Gewand irgendeine Entzündung.

Da wichen die Jünglinge aus Caesarea entmutigt zurück. Das konnte ich sehen. Sie hielten sich abseits und taten so, als würden sie sich nur noch für olivengefüllte Krüge und die auf den Matten ausgebreiteten Früchte interessieren.

Levi hielt noch immer sein Schreibzeug an die Hüfte geklemmt. Er hatte alle Mühe, seine Ungeduld zu verbergen. Schließlich hockten sich die jungen Leute auf den Rand eines Wassertroges neben der Quelle. Dort blieben sie lange sitzen ... bis das regsame Leben um Myriam von Magdala abgeflaut war und die Menge sich zerstreut hatte. Schließlich saßen die beiden Frauen alleine an der Mauer. Der Käse auf dem Boden vor ihnen war verschwunden, dafür war ihr Korb nun mit Gemüse, Früchten und Eiern gefüllt. Da traten die jungen Leute schüchtern näher. Sie waren enttäuscht ... und erschöpft vom langen Warten in der Sonne.

Myriam herrschte sie sogleich an:

› “Ihr vier hättet dem Meister niemals folgen können!”

› “Was?”, stammelte Nathan fassungslos.

› “Nein, gewiss nicht ... Das hättet ihr niemals fertiggebracht! Ich weiß schon ... das einzige Bild, das ihr von Ihm noch im Sinn habt, ist das Seiner Lehren vor der Menge.

Glaubt ihr wirklich, Er habe an den Orten, an denen Er Station machte, nichts anderes getan, als zu predigen? Ihr hättet oft stundenlang warten müssen, bis Er Sein Schweigen brach ... und je unzufriedener ihr gewesen wärt, desto mehr hätte Er eure Ungeduld angestachelt. Je mehr ihr an Seinen Lippen gehangen wärt, um die Offenbarung zu erlangen, desto eher hätte Er euch mit ganz einfachen Geschichten abgespeist - so schlicht, als seien sie für kleine Kinder bestimmt. Es hätte euch bestimmt gekränkt, das kann ich euch sagen!

Nun, meine Freunde ... Ich bin an Seiner Seite groß geworden ... Was glaubt ihr, was ich hier gemacht habe? Wenn ihr glaubt, ich würde feierliche Ansprachen halten und dem Volk verkünden: "Der Meister hat mir dies und das gesagt ...", so habt ihr noch immer nicht verstanden, worin der Schatz besteht, den ich erhalten habe.

Ich will niemanden überzeugen, wisst ihr! Man kommt nicht zu mir, um mich predigen oder die himmlische Herrlichkeit preisen zu hören ... Man kommt zu mir, um Liebe zu empfangen. Denn ich habe gelernt, zuzuhören und Leid aufzunehmen. Durch diese Öffnung bin ich aufgeblüht und dieser Durchlass in meiner Seele genügt hinlänglich, um Ihn sich aussprechen zu lassen, wie Er es für richtig hält ... Ihn, den Meister.

Ich sage gerne etwas, wenn man mich danach fragt. Auch Seinen Namen spreche ich aus, wenn ein Ohr ihn hören möchte ... Ansonsten reiche ich jedem die Hand, der Angst hat ... und lächle versiegelten Lippen freundlich entgegen. So bereite ich Ihm den Weg ... und damit auch uns - so und nicht anders.

*Wer* will überzeugt werden - und von was? Das frage ich euch. Ihr leidet alle unter einem Mangel an Liebe ... weil ihr nur im Rahmen eures Begehrens Argumente habt auffahren lassen.

Ich berühre mit meiner Anwesenheit weder den Mann noch die Frau, sondern das Juwel in ihnen, welches zugleich Sonne und Mond ist. Ich meine damit, ich verbinde die Essenz der Wesen mit meiner - und meine Essenz ist eins mit Jenem, Der mich erweckt hat.

Transparenz sein ... Vielleicht habe ich im Grunde nie etwas anderes gelernt! Aber Transparenz ist etwas sehr anspruchsvolles, wisst ihr? Sie nutzt alles ab, was nicht unsere wahren Fußsohlen sind und lässt alle denkbaren Scheuklappen von uns abfallen. Wenn also auch ihr die Rolle von Zeugen spielen wollt - du, Levi, du, Nathan und die anderen, so müsst ihr wissen, dass ihr damit nur euren Traum fortschreibt. Ihr legt damit nur einen weiteren Schleier über euer Haupt ... 'Transparenz' ist dann lediglich ein weiteres Wort auf euren vollgeschriebenen Pergamentblättern, das die Zeichen noch undurchdringlicher macht.

Ja, der Meister ist anspruchsvoll! Seine Liebe hat nichts heuchlerisch Sanftmütiges. Er macht Grenze um Grenze zunichte, löst Konventionen und zerstört Tempel. Er lehrt uns 'Die Welt', indem Er Welten vernichtet."

Levi war sprachlos. Er strich sich über die Stirn und setzte sich nun endlich auf den Boden in den Staub.

› "Werde ich also von der Begegnung mit dir nichts als Eindrücke mitbringen, Schwester Myriam? Ich spüre die Kraft deines Wesens und kann deine Art des Lehrens langsam erahnen, aber ..."

› “Halt, sprich nicht weiter, Levi, denn gerade dieses ‘aber’ ist völlig überflüssig! Genau daran leidest du - und zugleich ist es der Schmerz der ganzen Welt. In deinem ‘aber’ sind all die ‘Bedingungen’ enthalten, all das Berechnende und Zögerliche, an dem Leben Schaden nimmt. Vertrauen entsteht, wenn man anspruchsvoll ist. Das bringt einen weiter. Dein ‘aber’ schafft Distanz. Es schwächt.

Du sagst, du würdest nur Eindrücke aufnehmen ... Weißt du denn überhaupt, was ein Eindruck ist? Es ist ein Duft! Nimm also einen Duft mit nach Caesarea ... Der, den du suchst, ist wirklich ein Duft. Er wird deiner Feder die rechten Worte eingeben. Wenn du übers Meer zurückgefahren bist, wirst du nichts anderes mehr suchen als den Wohlgeruch der Erinnerung Seiner Gegenwart in mir. Du wirst nur noch von seiner Ewigkeit erfüllt sein ...”

# Dritte Bewegung

## Der Wiederaufstieg

Wir streben im Grunde alle danach ... Auch wenn wir unseren Abstieg leugnen und nicht wahrhaben wollen, dass wir in einer 'inneren Hölle' gefangen sind, die wir in Blindheit und Aufbegehren selbst erschaffen haben - so sehnen wir uns doch alle nach etwas Höherem.

Das Bild der Befreiung ist uns allen eingeprägt.

Wenn man davon ausgeht, dass wir uns nach und nach von unserer inneren Sonne entfernt haben, also immer wieder ein Stück tiefer gefallen sind - es also nicht auf ein einziges 'kosmisches Gleiten' zurückzuführen ist, so kann auch unser Wiederaufstieg nicht ganz glatt und ohne Rückschläge erfolgen.

Es geht alles schrittweise voran, in Etappen, mit Pausen und Zeiten der Rückbesinnung und Betrachtung.

Der Seelenweg auf dem alle Welten, die wir bewohnt und alle Bewusstseinsstufen, die wir durchgemacht haben, noch einmal begutachtet werden, ist in diesem Zusammenhang sehr aufschlussreich.

Wir alle kennen das Gefühl, auf der Stelle zu treten, wenn nicht gar zurückgeworfen zu werden, weil wir in alte Gesinnungen oder Verhaltensmuster verfallen, die wir längst überwunden glaubten.

Mir zumindest ist die Weisheit des Lebens stets wie eine vollendete Lehrmeisterin vorgekommen. Sie lässt uns unsere Lektionen regelmäßig wiederholen, bis alles sitzt.

Das Leben stellt uns in Ereignisse, die seinem Anliegen des 'Wiederaufbaus' entsprechen. Es verlangt uns immer wieder 'Aktualisierungen' ab. Etwas profan könnte man sagen, unsere 'Programme' brauchen regelmäßig ein Upgrade, zumindest bis zu einem gewissen Grad.

Selbst wer die Regionen der 'Finsternis', des 'Begehrens' und der 'Unwissenheit' bereits hinter sich gelassen hat, wird in entscheidenden Entwicklungsmomenten wieder mit Illusionen und Täuschungen konfrontiert, um das Gelernte zu wiederholen. Das gibt uns Gelegenheit, unsere Seelentiefen genau unter die Lupe zu nehmen und alles, was wir erreicht zu haben glauben, aus einer gewissen Distanz zu betrachten.

Man schaut noch einmal ganz genau hin, um zu sehen, *wer* sich eigentlich hinter dem Bild verbirgt, das man von sich erschaffen und zur Schau gestellt hat.

Eine solche 'Prüfung' ist natürlich eine 'Versuchung' - anders kann man es wohl kaum nennen. Genau wie die offiziellen Evangelien es von Christus berichten, müssen auch wir uns darauf einstellen, zum Gipfel eines Tempels geführt zu werden - unseres Tempels -, wo unsere Entscheidungsfähigkeit und Willenskraft noch einmal auf den Prüfstand kommen.

Nichts ist ein für alle Mal errungen ... Die Freiheit, die uns überantwortet wurde, ist grenzenlos. Sie ist nicht nur eine schöne Vorstellung, sondern eine Kraft, mit der wir ständig zu tun haben.

Um aus der Erstarrung herauszukommen, in der wir 'eingeschlafen' sind oder sinnlos herumgekämpft haben, müssen wir uns Werkzeuge schmieden ...

## Die Kunst, um Hilfe zu bitten

(Zeilen: 12 - 14 und 287)

Das erste Werkzeug ist natürlich das Bitten. Es ist ein demütiger Schritt, denn eine Bitte äußert man meist nur, wenn Not am Mann ist. Wenn man in einer verfahrenen Situation feststeckt und 'im Treibsand zu ersticken droht', hat man keine andere Wahl, als um Hilfe zu rufen. Wir wissen sehr wohl, dass uns keine helfende Hand gereicht wird und auch kein Rettungsanker, wenn wir nicht ausdrücklich - aus tiefstem Herzen - um Hilfe bitten.

Die Bitte ist eine echte Öffnung ... Sie bewirkt das Aufbrechen einer Schale, die bisher so undurchdringlich war, dass wir die Wirklichkeit dahinter kaum wahrnehmen konnten.

Doch bevor eine Bitte geäußert wird, bevor man ins Handeln kommt, ist sie zunächst einmal eine Absicht, also eine Öffnung auf die Möglichkeit eines anderen Bewusstseinshorizontes.

"Klopfet an, so wird euch aufgetan" ... Diese einfache, ewiggültige Wahrheit kommt in den meisten kanonischen Texten vor.

Ein solcher Ruf aus Seelentiefen ist weder belanglos noch beiläufig. Ich halte ihn im Gegenteil für *den* entscheidenden Schritt. Er ist der Schlüssel für unseren Befreiungsdrang.

Schon von den ersten Zeilen des vorliegenden Evangeliums an, ist das Schweigen des Lehrers eine Lehre für sich. Es bewirkt eine Erwartungshaltung, entfesselt ein Bedürfnis, öffnet den Raum für eine Frage. Damit gibt es einen entscheidenden Anstoß.

Die Tatsache, dass der Meister die Schüler dazu bringt, Fragen zu formulieren, bedeutet, dass der Aufstieg von 'unten' gewollt sein muss. Das Anliegen muss 'von der Basis' kommen.

Wenn unser inneres Gebäude kein festes Fundament hat - keinen klar geäußerten Willen -, kann sich auch keine echte Veränderung einstellen.

Im Übrigen geht es ja nicht darum, ins Ungewisse aufzubrechen, sondern um eine Pilgerfahrt zum Ursprung, also zum einzig festen Punkt.

Der Ruf ans Zentrum, aus dem alles hervorgegangen ist, muss von 'außen' kommen, von der Peripherie des Kreises, in dem wir uns noch immer befinden.

*Das Evangelium nach Maria-Magdalena* wirft von Anfang an Fragen auf, die wir uns in dieser Deutlichkeit noch viel zu wenig gestellt haben.

"Wann, wie oft und warum haben wir aus tiefstem Herzen 'gerufen'?" Wen oder was haben wir angerufen? - Das, was in uns *ist*. Es lässt sich als *Göttlicher Funken* bezeichnen ...

Obwohl wir ihn oft genug verleugnen, ist dieser Funken doch immer da. Er ruht in aller Stille in uns und nährt Visionen.

## Mut

(Zeilen: 35-37, 43, 44, 65, 107, 118, 119, 168, 169, 235, 236, 242, 276, 277)

Dies ist ein weiteres wichtiges Werkzeug, an dem es unserer Menschheit auf der Suche nach sich selbst allzu oft mangelt. Der Mangel ist so offenkundig, dass ihn sogar der Meister selbst eigens hervorhebt.

"Wie gelangt man zur wahren Wirklichkeit?", wurde er gefragt ... "Indem man etwas wagt", war seine klare, eindeutige Antwort.

Natürlich haben wir im Laufe unserer Geschichte immer wieder Mut und Kühnheit an den Tag gelegt. Doch hier geht es nicht um Heldentaten, sondern um eine allgemeine Bewusstseinshaltung. In dieser Hinsicht sind wir selten wirklich revolutionär, wirklich offen für Neues. Von wenigen Ausnahmen abgesehen, bewegen wir uns gerne in denselben Bahnen.

Mut war für den Meister jedoch gerade die Fähigkeit, über den engen Horizont eingefahrener Muster hinauszublicken. Dieser Wagemut kann erst zur Geltung kommen, wenn wir die dualistische Denkweise überwinden und uns nicht mehr vom bloßen Schein blenden lassen. Er ist zunächst einmal das Privileg jener, die schon lange genug in *den* Welten umhergeirrt sind und nun den starken Drang verspüren, sich mit *der* ursprünglichen Welt zu verbinden.

Für Menschen, die verstanden haben, wie nebensächlich ihre ganzen ineinandergeschachtelten Masken im Grunde sind, ist Mut ein unabdingbares Werkzeug des inneren Wachstums.

Mut ist jene Kraft, durch die der Riss beschlossen wird und in Gang kommt. Denn es geht, wie gesagt, um eine Vision. Es kann keinen Mut geben ohne die Wahrnehmung aller - oder genauer - die Erinnerung an alle Möglichkeiten, die uns von jeher eingeschrieben sind.

Mut bringt die Seele zur Entfaltung. Er ist wie ein Schwert. Er trennt uns von allem, was sich ‘so angesammelt hat’, mit ‘Einheit’ aber nichts zu tun hat und die Gräben nur tiefer macht.

Er macht uns ständig neue Vorschläge und hilft uns, die Erstarrung unseres Denkens und Handelns ... aber auch des Bewusstseins, das unserem Denken vorausgeht, zu überwinden.

Meines Erachtens ist Mut eine Lebensentscheidung. Wir geraten ständig in Situationen, in denen wir uns dafür entscheiden können, Mut zu fassen - oder uns anzupassen und allem unterzuordnen, was in Tausendenden von Jahren vorgekaut wurde.

Das Gegenteil des Mutes ist im Grunde die Angst vor Freiheit ... und den Schwindelgefühlen, die sie auslösen kann. Das generiert Kräfte, die uns versacken lassen und führt schließlich zu einer globalen Dämpfung unserer Vitalität.

Insofern ist der Widerstand, den Simon Petrus und Andreas der Lehre Maria-Magdalenas entgegenbringen, symptomatisch für unser Handeln.

Die Fragen und Argumente, welche die beiden sogleich aufwerfen, sind ein wunderbares Beispiel dafür, wie wir uns selbst ausbremsen, sobald eine echte innere Veränderung ansteht.

Es ist eine alte, eingefahrene Gewohnheit der Menschheit, dem Denken sofort Schranken aufzuerlegen, sobald jemand versucht, die Grenzen dessen, was 'philosophisch korrekt' ist, zu überschreiten oder wenigstens zu verschieben ... und damit unseren Dogmen zu widersprechen.

Selbst wenn wir eindeutige Beweise für das Fortbestehen des Bewusstseins unabhängig vom physischen Körper vorlegen könnten, würden sich doch sofort Leute finden, die dagegen sind und sich strikt weigern, auch nur die Möglichkeit in Betracht zu ziehen.

Man kann eingefahrene Vorstellungen nur hinter sich lassen, wenn man eine gewisse seelische Reife erlangt und die Fähigkeit entwickelt hat, sich anderen Sichtweisen zu öffnen. Dann hat man es nicht mehr nötig, sich an eine 'eigene' Sichtweise zu klammern, die letztlich doch nur Ausdruck der eitlen, leidenden Persönlichkeit ist.

Simon Petrus und Andreas stehen hier für alles, was uns verunsichert, aus Angst erstarren lässt und unfähig macht, 'eine andere Platte aufzulegen' oder 'ein anderes Programm laufen zu lassen'.

Damit sind sie unserer männlich geprägten Gesellschaft - mit all der Steifheit ihrer vermeintlichen Vernunft und ihren aggressiven, zuweilen totalitären Zügen -, verdächtig ähnlich.

Allerdings steht ihre Unsicherheit und die damit einhergehende Notwendigkeit, alles zu kontrollieren und ständig Barrieren zu errichten, quer zu einem anderen Bedürfnis, das sie permanent umtreibt. Im Grunde haben sie große Sehnsucht nach *etwas anderem*.

Insofern illustriert die Haltung der Apostel zwei Tendenzen, zwischen denen die meisten Menschen hin- und hergerissen sind ... weil sie sich dem Mut, der ihnen innewohnt, nicht öffnen können. Anstatt das Risiko einzugehen, uns Schwindelgefühlen auszusetzen, die jede Neuerung nun einmal mit sich bringt, klammern wir uns an öde, frustrierende Alltagsroutinen, bloß weil sie uns Sicherheit geben.

Wenn wir unsere reibungslosen Abläufe bedroht sehen, sind uns alle Ausreden recht. Simon Petrus und Andreas stoßen sich an der weiblichen Seite der Lehre, um einen Grund zu haben, diese abzulehnen.

Das sagt natürlich einiges über die vorherrschende Meinung zu Zeiten der Entstehung des Evangeliums, entspricht aber auch unserer heutigen Haltung. Nicht zuletzt zeigt sich darin eingefleischter Neid.

Etwas Ähnliches erlebt die Seele auf ihrer Initiationsreise durch die Welten des Begehrens. Anstatt sich befreiender Demut zu öffnen, flüchtet sich unsere egozentrische, kleine

Persönlichkeit lieber in die Dualität, weil diese ihr Sicherheit gibt ... Wir lieben unser Gefängnis, weil wir seine Regeln und Gesetze kennen.

Etwas zu wagen bedeutet, sein Joch abzuschütteln, aber auch, *sich selbst zu erfinden*. Es heißt, seinen eigenen Weg zu gehen - seine Lebensbahn zu entwerfen, anstatt blindlings und naiv anderen alles nachzumachen. Der Weg, der uns zum 'ursprünglichen Träumer' führt, ist immer etwas ganz Individuelles. So sinnvoll es auch ist, Gemeinschaften zu bilden und gewissenhaft zu lernen - die entscheidenden Schritte kann man nur selbst machen.

Um Mut zu entwickeln, muss man sich zuweilen in die Einsamkeit zurückziehen und sich sein Ziel vor Augen halten.

Es heißt, wir sollen nicht einfach in die Fußstapfen des Meisters treten, sondern unsere Fußabdrücke zwar in seine setzen - uns darin aber bewegen.

Im *Evangelium* steht, wir sollen nicht Den nachahmen, der fündig geworden ist. Da im Tiefsten nur Eine Wahrheit existiert und der Meister mit ihr verschmolzen ist, können wir uns durchaus in Seinem Herzen einrichten ... das heißt aber nicht, dass unser Wachstum und Erblühen genauso abläuft, wie bei Ihm.

Wir werden unsere Schritte in Seine Fußabdrücke setzen ... dabei aber unseren eigenen Befreiungsweg finden.

Meisterschaft lässt sich nicht klonen![10]

10 Vgl. hierzu das wunderbare Buch von Herrmann Hesse: "Siddharta".

Man muss sich von der Sonne inspirieren lassen, so kann ihre Gegenwart in uns neu erstrahlen. Wenn wir wachsen, nähren wir auch sie und machen sie umso größer. Darin liegt unsere größte Freiheit. Ich glaube, genau darauf wird hier verwiesen ...

## Sehen und Lauschen - Vision und inneres Ohr

(Zeilen: 11, 29, 30, 51-58, 129, 130, 157, 158, 199-204, 209-216, 223, 224, 323, 371, 372)

Ohne inneres Bild, kann Mut nicht aufkommen. Entsprechend kann es ohne Vision auch kein inneres Lauschen geben.

Wenn das Wort am Anfang der Welt der Erscheinungen stand, so verbindet uns die Vision - oder wenn man will, die Vorahnung des Ziels - unablässig mit dem Ursprung.

Insofern ist der innere Blick genauso wichtig wie die Aufmerksamkeit, die wir der Formenvielfalt des Lebens zollen. Beides sind wichtige Werkzeuge, die uns zur grundlegenden Einheit aller Dinge zurückführen. Sie sind eng verbunden und verweisen ständig aufeinander, bei jedem Schritt, den wir im Rahmen unseres Aufstiegs tun.

'Sehen' und 'Lauschen' entstehen beide aus dem Willen zur Beachtung dessen, was ist. Es heißt ja, dass unser Aufschwung zu einer höheren Wirklichkeit aus der Verbindung einer Vision und ihrer Überführung in ein 'Lauschen auf unsere Essenz' hervorgeht.

Der Begriff 'Überführung' erscheint mir in diesem Zusammenhang besonders wichtig, das ist nämlich ein höchst kreativer Akt. Es steckt eine Kraft darin, die etwas konkret macht.

Nun mag es vielleicht überraschen, dass es in einem doch recht abstrakten Kontext wie diesem, auf einmal um Konkretisierung gehen soll.

Aber schließlich ermutigt das Evangelium von Maria-Magdalena uns ständig, Gegensätze zu überwinden. Genau betrachtet hat 'konkret' nicht unbedingt etwas mit materieller Schwere zu tun.

Wenn unsere Seele - oder unser Bewusstseinsleib - im Moment des Todes in sein Reich zurückkehrt, eröffnet sich ihm eine hochkonkrete Welt. Man kann sie berühren. Sie ist ebenso körperlich und 'real' wie unsere. Wir allein bestimmen also, was konkret oder abstrakt ist. Es hängt lediglich vom Standpunkt ab. Das zeigt sich auch gerade in unserer Zeit. Angeblich beruhen unsere Werte ausschließlich auf Dingen, die man anfassen kann. Indes wird etwa Geld, das für unsere Gesellschaft doch so wichtig ist, zunehmend virtuell. Es wird verwaltet von Informatik. Ein Vermögen ist nicht mehr eine Truhe voller Goldstücke. Man kann es an einer Anzahl von Nullen am Bildschirm ablesen.

Entsprechend verweist auch die Entdeckung des Hologramms, recht verstanden, auf eine Neubestimmung dessen, was konkret oder 'real' ist. Was aber hat es mit der Fassbarkeit der von Informatikern geschaffenen virtuellen Welten auf sich?

*Sind wir etwa gerade dabei, in unserer materiellen Welt einen Sprung zu vollführen, den unser Bewusstsein noch gar nicht mitmachen kann?*

## Träumen und fantasieren

(Zeilen: 69-72, 74-78, 82, 86, 106-109)

Auch das ist etwas sehr Wichtiges. Der Meister erwähnt Traum und Vorstellungskraft zweimal im Zuge der Fragen: "Soll man träumen?" und "Was ist Wirklichkeit?"

Gerade in unserer Zeit ist die Frage nach dem Traum besonders wichtig. Während der Traum in vielen traditionellen Gesellschaften als direkte Verbindung zu einer höheren Wirklichkeit aufgefasst wird - etwa wie eine Telefonleitung zum Himmel - erscheint er in unserem Jahrhundert oft als eine rein illusionäre Ausdrucksform der menschlichen Persönlichkeit. Träumen wird mit Fantasieren gleichgesetzt und unsere Vorstellungskraft einzusetzen bedeutet kaum noch etwas anderes, als sich trägen Träumereien zu überlassen.

In seiner grundlegenden, edlen Bedeutung ist der Traum jedoch etwas durch und durch Schöpferisches. Genau dieser Aspekt ist im Evangelium Maria-Magdalenas angesprochen.

Es unterscheidet klar zwischen den 'Träumen', mit deren Hilfe wir Zug um Zug unsere vergänglichen Wirklichkeiten erschaffen - und dem Göttlichen Traum als Frucht einer heiligen Vorstellungskraft.

Aus Sicht des Meisters erlangen wir die Bewusstseinsbefreiung, indem wir uns wieder mit dem Schöpfungsplan des 'ursprünglichen Träumers' verbinden.

*Die wahre Macht ist die Macht der Vorstellungskraft*. Entwerfen wir ein inneres Bild von etwas, so wird damit seine

Entwicklungsmöglichkeit angestoßen. Diese Kraft setzt eine schöpferische Bewegung in Gang.

Da nun aber der Riss und der 'Fall' zur Schöpfung gehören, lässt sich die Vision der Wiedervereinigung, die Verschmelzung mit dem Ursprung, gerade durch das Spiel des Traums erreichen - eben auf dem Wege der Imagination.

Wir müssen die 'Türen' erst einmal wahrnehmen und dann entschlossen aufstoßen. Nur so lässt sich etwas schaffen, denn schöpferisch tätig zu sein bedeutet in erster Linie *sich selbst* zu erschaffen.

Wenn wir zu unserem Ursprung zurückfinden, können wir uns ganz neu zusammensetzen. Dann erfinden wir uns wieder in unserer ursprünglichen Reinheit.

Dafür muss man zunächst einmal Raum in sich schaffen. Es gilt, die Fähigkeit, sich *alles* vorzustellen, wiederzuerlangen und über das Spiel der Grenzen hinauszugehen. *Wir müssen aufhören 'vor uns hinzuträumen', um den großen Traum wieder in uns einziehen zu lassen.* Damit ist im Grunde alles gesagt. Das ist das Entscheidende.

Nun gibt es natürlich sowohl kollektive als auch individuelle Tagträume und Träumereien. Aus ihnen ist das Labyrinth entstanden, in dem wir uns verlaufen haben.

Die materielle Welt, die uns umgibt, mit all ihrer Last, an der wir Tag für Tag leiden, geht letztlich auf unsere eigene Vorstellung von Wirklichkeit zurück.

Das ist jedoch keine unumstößliche Tatsache, an die wir schicksalhaft gebunden wären.

Der Schöpfer schlummert in uns ... so gewiss, wie wir in Ihm schlafen. Es geht also nicht nur um ein Erwachen, sondern um ein *Wiedererwachen*.

Die Macht des Traumes wird hier als Quelle der Freude dargestellt. Auch sie ist ein ganz wesentlicher Faktor, bestärkt sie uns doch darin, nach Höherem zu streben.

Die Bedeutung dieses Traumes zu verstehen und sich seine Wirklichkeit vorstellen zu können, ist ein wichtiger Schritt unserer inneren Entwicklung - wobei die eigentliche Herausforderung weniger im intellektuellen Erfassen liegt. Auf die Nichtigkeit und den illusionären Charakter unserer Welt zu verweisen, gehört ja fast schon zum guten Ton. Diese Einsicht zu verinnerlichen und umzusetzen ist ungleich schwerer!

Es kann schnell zur mentalen Falle werden, metaphysische Konzepte aufzustellen und sich daran zu weiden. Das befreit uns noch lange nicht aus unserer Erstarrung.

Darum sind hohe Ansprüche und eine gewisse Strenge ebenfalls Meister, mit denen wir rechnen müssen.

## Hohe Anforderungen

(Zeilen: 170, 171, 242-246, 256-264, 355-357, 394, 395)

Was könnte uns von rein philosophischen Spekulationen befreien, wenn nicht die Magie der Liebe? Liebe geben ... Das räumt mit allem Überflüssigen auf. Ja, aber ... *wie* soll man Liebe verbreiten, wenn man viel zu selten mit ihr in Berührung kommt?

Eben indem man anspruchsvoll ist, sagt der Lehrer! Diese Behauptung lässt einen erstarren, beschwört sie doch eine ganze Reihe dogmatischer Bilder aus der kirchlichen Tradition herauf. Man denkt sofort an Askese, unbeugsame Religionsregeln und Entbehrungen, die einen verknöchern lassenkurz, an Intoleranz in jeder erdenklichen Form.

Außerdem ist es erstaunlich, das Wort 'Anspruch' aus dem Munde Dessen zu hören, der seit zweitausend Jahren die Liebe verkörpert.

Allerdings ist es an der Zeit, viele Begriffe neu zu bestimmen und schärfer zu fassen - so auch das Wort 'anspruchsvoll'. Oft wird es mit 'Unerbittlichkeit' in Zusammenhang gebracht und bekommt so einen Beigeschmack von 'Intoleranz' und übermäßiger Disziplin.

Im vorliegenden Evangelium geht es um den Anspruch an sich selbst, also darum, sich das Beste abzuverlangen. Wer sich in aller Entschiedenheit auf den Weg zum Ursprung macht, kann sich nicht mit Halbherzigkeiten aufhalten. Wir können das innere Gleichgewicht, welches unser Pilgerweg erfordert, nur bewahren, wenn wir eine klare Haltung einnehmen. Sie muss von all unseren Lebenskräften mitgetragen werden.

Der Meister hat also den Anspruch an uns, Selbstdisziplin zu entwickeln. Ohne diese lässt sich nichts Solides aufbauen.

Wir brauchen sie auch als Schutz, um auf unserem Weg weiterzukommen.

Nicht im Sinne eines Büßerhemdes und auch nicht als Peitsche, um uns zu geißeln, sondern wirklich als Stütze, als Pilgerstab.

Inneres Wachstum ist immer eine Sache des Umgangs mit sich selbst. Man erlangt es nicht durch blinden Gehorsam, indem man sich Regeln unterwirft, die andere aufgestellt haben. Das ist ohnehin frustrierend. Doch wer einen ehrlichen, liebevollen Blick auf sich selbst wirft, auf seine wahren Motive, kann 'größer werden'.

Niemand hat das Recht darüber zu entscheiden, wie weit es ein anderer bereits gebracht hat!

Außerdem lässt sich der 'Aufstieg' niemandem auferlegen, nicht einmal unter dem üblichen Deckmantel 'bester Absichten'! Mit Verlaub -Missionsdrang und Bekehrungseifer 'zur Rettung der Seelen seiner Mitmenschen' ist reines Machtgehabe und äußert sich in allen möglichen Zwängen - ob es den Kirchen und Predigern aller Arten nun gefällt oder nicht. Die menschliche Geschichte kann ein trauriges Lied davon singen.

Als die Jünger am Ende des *Evangeliums* auseinandergehen, ist keine Rede davon, dass sie verlorene Seelen bekehren sollen. Sie werden vielmehr 'die Nachricht verkünden' und 'das Wort überbringen'. Nichts wird 'zum Gesetz erhoben', einfach um den Regeln, die zwangsläufig entstehen werden - und manchen Menschen ja auch Sicherheit geben -, nicht noch etwas obendraufzusetzen.

Die Selbstdisziplin, welche notwendig ist, um sich über sich zu erheben, führt mich zu einem weiteren Begriff, dem der 'Reinheit'.

Um sich das Beste abzuverlangen und es in Gedanken und Taten zum Ausdruck zu bringen, muss man sich um Reinheit und Klarheit bemühen - um Transparenz. Je lichtvoller wir sind, je 'durchlässiger', desto eher werden wir der Lüge abschwören - und auch uns selbst nicht mehr täuschen wollen. Wir müssen uns also eine Ethik aneignen. Sich Sand in die Augen zu streuen, ist eine probate Methode, Vergessen zu befördern. Das haben wir über die Jahrhunderte immer wieder getan ... und geglaubt, wir könnten die Lebenskraft täuschen - bis tief in unsere Eingeweide hinein.

Zum Glück kann man sich aber nicht endlos belügen. Jedes Mal, wenn man es tut, vertieft sich die alte Wunde der Trennung. Es bilden sich immer neue Schleier. Angesichts der Länge unseres Lebens scheinen die Siege der Lüge von Dauer zu sein. In Wahrheit aber sind sie vergänglich. Sie sind wie Mondesgefunkel, das nicht einmal bemerkt, dass es nur ein blasser Abglanz des Sonnenlichtes ist.

All das gemahnt daran, dass wir uns auf dem Weg zu uns selbst keine Nachlässigkeit leisten können! Wird einem erst bewusst, dass man auf der Suche nach dem reinsten Diamanten ist, leuchtet einem bald ein, dass 'Reinheit' weit mehr ist als nur ein Wort.

## Der Wille

(Zeilen: 12, 79, 102, 149, 167, 308, 309, 347-349)

Wille wirkt in allem, was der Meister und Seine Schülerin uns hinterlassen haben. Wie könnte es auch anders sein? Das wird verständlich, sobald man einsieht, wie sehr die Momente der Gnade, die unseren Aufstieg begleiten, eine Frucht unseres Feuereifers sind, weiterzukommen. Jede Offenbarung und alle Gaben, die wir erhalten, haben wir uns zunächst einmal verdient.

Es gibt viele, die behaupten, bessere Menschen werden und wachsen zu wollen. Sie sind Legion. Ebenso viele wollen den Sinn des Lebens ergründen ... Aber genügt es wirklich, das zu sagen, um innerlich voranzukommen? Vom Lippenbekenntnis zur Tat ist ein großer Schritt. Das möchte ich an dieser Stelle noch einmal betonen.

Im *Evangelium nach Maria-Magdalena* finden sich schon früh Hinweise auf unsere ‘guten Absichten’, etwas zu verstehen ... indirekt also auf unsere Unfähigkeit, echtes Verstehen in Gang zu setzen. Wie leicht ist es doch, sich inneres Wachstum vorzugaukeln, ohne die Willenskraft aufzubringen, den Schalter wirklich umzulegen. Wie oft geben wir uns mit Halbheiten zufrieden, gehen unentschlossen an die Sache heran und treffen zögerliche Entscheidungen, ohne mit dem Herzen voll dabei zu sein? Zwei Schritte vor und einen zurück ... Wir würden diesem oder jenem Menschen schon verzeihen, aber ... Oh ja, wir sind drauf und dran, die eine oder andere ungute Verhaltensweise zu ändern, aber ... Natürlich wollen wir unbedingt wachsen und es uns nicht nur vornehmen. Wären da nur nicht unsere Bequemlichkeiten ... und die Risiken, die es mit sich bringt. Was werden die Leute sagen? Es gibt so viele mögliche Einwände! Also geben wir bald auf. Unser Wille ist einfach nicht stark genug. "Ja, aber ..." ist gewissermaßen das Credo der am weitesten verbreiteten Religion der Welt.

Ich bin überzeugt, dass wir uns vieles wünschen ohne es wirklich zu wollen oder unser Wille angesichts drohender Konsequenzen oftmals versiegt.

Vielleicht ist diese Willensschwäche letztlich eine Folge unserer notorischen Unfähigkeit vorauszuschauen. Wir sehen nur, was unmittelbar vor der Nase liegt. So kann man keine echte Vision entwickeln.

Wir legen unsere Grenzen selbst fest - sowohl individuell als auch durch Institutionen. Ausschlaggebend ist allein, was über akute Unzufriedenheit hinweghilft. Das gilt noch heute.

Nur ein immer aufs Neue fest ergriffener Wille wird verhindern, dass wir auch weiterhin einfach schnell ein Pflaster aufkleben, wo es eigentlich darum geht, eine entzündete Wunde zu heilen.

Wille setzt ein klares Bewusstsein voraus. Dies ist jedoch eine Frage der Reife.

Der Wille, sich auf die Suche zu machen, vor allem *nach sich selbst*, ist also ein entscheidender Faktor, der immer wieder in diese Lehre einfließt. Wenn wir keinen Willen haben, gleichen wir Wesen ohne Wirbelsäule. Wir mögen noch so sehr lieben - ohne Rückgrat ist alles nur Schall und Rauch. Es bleibt wirkungslos.

Wer hingegen bei der geistigen Erhebung einen gesunden Willen entfaltet und auch die Bewusstseinsschübe, die seinen

Weg markieren, davon durchdringen lässt, wird lernen, sich aufzurichten ... und wieder lebendig zu werden.

Es wird ja ohne Umschweife gesagt, dass man aus Willensschwäche 'zum Tode geboren wird'.

Ich finde, diesen Zugang sollten wir nicht aus den Augen verlieren. Er ist wahrlich ein Schlüssel.

## Von Vertrauen, Loslassen und Freude

(Zeilen: 39, 67, 107, 108, 175 - 180, 183 - 185, 272 - 274, 280, 281, 364 - 373, 390, 391)

Etwas fehlt uns noch bei unserer Ausrüstung. Es ist wie ein Sonnenstrahl und hat einen ganz einfachen Namen ... Vertrauen. Unser Wiederaufstieg verlangt uns eine ganze Menge Vertrauen ab. Zwar lernen wir das Leben Tag für Tag besser kennen, bewegen uns aber dennoch oft genug 'im Blindflug', so viel ist klar. Wer immer wieder davor zurückschreckt, sich tastend voranzubewegen und auf eine Zukunft zu setzen, die ungewiss ist - mit all ihren notwendigen Wandlungen -, kommt nie vom Fleck. Er tritt auf der Stelle. Die Leitersprosse, auf der er stehen geblieben ist, nutzt sich unter ihm ab ... Der Mensch trocknet innerlich aus. Auf diese Weise verschließt man die Tür zur Erinnerung an Das, was in uns *lebt* und uns Kraft gibt ... und verlernt alle Freude.

Wer nicht mehr hofft, ist schon zu Lebzeiten gleichsam ein Toter. Verzweiflung kommt von Vergessen, von dem Verlust der Vision ... Diese aber schöpft ihren Sinn aus der glühenden Stille des Vertrauens. An dieser Stelle kommt wiederum Mut ins Spiel, im Sinne einer vertrauensvollen Vorahnung des Machbaren, welche das Risiko mitträgt.

Wenn ein Vogel sich in die Lüfte schwingt, schließt er immer aufs Neue eine Wette ab - in der Gewissheit, sie zu gewinnen -, weil er sich seiner tiefsten Natur erinnert. Warum machen wir es nicht auch so und gehen mit dem vollen Schwung des Vertrauens an unser Leben heran?

Maria-Magdalena legt in ihrem Evangelium diese Kraft an den Tag, wohingegen die Apostel sie nicht aufbringen. Als der Meister fort ist, sind sie ratlos und matt - wie des Vaters beraubte Kinder -, ohne zu merken, dass sie bereits einen Erwachsenen in sich tragen.

Es mangelt ihnen erheblich an Selbstvertrauen, denn die Lehre, die sie empfangen haben, hat noch keine Wurzeln in ihnen geschlagen. Entsprechend bleiben ihre Wahrnehmungen oberflächlich, ohne tiefer in sie einzudringen.

Damit stehen die Jünger beispielhaft für eine Menschheit, die sich meist für reifer hält, als sie ist. Das Universum kann uns noch so reich beschenken. Solange wir Angst vor den Veränderungen haben, die seine Gaben mit sich bringen, können wir sie uns nicht zu eigen machen.

Wollen wir uns dem Vertrauen öffnen, müssen wir lernen, unseren Ängsten ins Auge zu blicken, um sie zu überwinden und zur Ruhe zu finden.

Wie so viele Menschen, sind Simon Petrus, Andreas und ihre Gefährten völlig verkrampft. Ihr Wille zu Wandlung und Wachstum ist übertrieben angespannt - eine andere Form zu wollen ist ihnen fremd. Das steht dem Loslassen, welches für wahres Erblühen unabdingbar ist, diametral entgegnen. So rufen die Apostel zwar mit aller Gewalt die Sonne zu sich, sind zugleich aber unfähig sich zu öffnen. Sie bleiben in sich gefangen. Es ist ihnen nicht möglich, einer neuen Seinsform aufgeschlossen gegenüberzutreten. Souveräne Geschmeidigkeit ist ihnen noch fremd. Sie sehnen sich zwar nach Liebe, haben aber noch die geballte Faust in der Tasche. So verharren sie im Kriegszustand und lehnen sich gegen Hingabe auf. Eingeigelt wie sie sind, gemahnen sie an die Seelen und Körper vieler Menschen. Voller Abwehr, auf dem Grat zwischen Hoffnung und Misstrauen, Zuwendung und Ablehnung, schwankt ihr Weg zwischen Pilgerreise und Kreuzzug. Sie sind voller Zweifel, weil sie mit ihrem Glauben nicht weiterkommen.

Nach meinem Empfinden gibt es zwei Arten von Zweifel. Die erste ist konstruktiv, denn sie verhindert, dass wir vorgefertigte Meinungen und Informationen, die heutzutage auch noch von den Medien abgesegnet werden, kritiklos übernehmen. Die zweite hingegen ist überaus lähmend. Sie ist Ausdruck unserer Ängste angesichts neuer Horizonte und Veränderungen, die uns aus der Bequemlichkeit reißen.

Es dürfte wohl klar sein, von welcher Art des Zweifelns Simon Petrus und Andreas heimgesucht werden. Beide können nicht loslassen. Sie klammern sich an Altbekanntes. Obwohl sie beteuern, sich weiterentwickeln zu wollen, wirken sie damit eher reaktionär.

Fehlt es ihnen nicht einfach an Freude?

Allerdings ist auch Freude keine göttliche Gnade, die einfach so 'aufs Geratewohl' verteilt wird, dessen können wir gewiss sein. Mir ist immer wieder aufgefallen, dass gerade

Menschen Freude in sich tragen, denen es gelingt, ihre krankhaften Ängste zu überwinden, sich den Risiken des Lebens zu öffnen und Vertrauen zu haben.

Wir müssen uns öffnen. Es ist unsere Bestimmung - sonst verkümmern wir.

Ich halte Vertrauen für eine Pforte, die zu Freude und Überschwang führt.

Solange wir den Weg der Innerlichkeit als strenge Askese auffassen, wird er uns trist und trostlos erscheinen, also wenig attraktiv! Da muss man sich nicht wundern, wenn er kaum beschritten wird! Ich bin überzeugt davon, dass es einiges neu zu sehen gilt, Dinge, die wir in zweitausend Jahren dogmatischer Herrschaft aus den Augen verloren haben. Ein schöpferischer Geist, Fantasie - und die Annäherung an unsere wahre Mitte, bedürfen des Vertrauens.

Ganz gleich auf welcher Entwicklungsstufe wir uns befinden und wie wir uns ausdrücken ... Vertrauen ist gewiss eine der schönsten Möglichkeiten, die uns zur Verfügung stehen, das Göttliche in uns zu würdigen und Ihm seinen angestammten Platz wieder einzuräumen.

## Vom Mysterium des Nous

(Zeilen: 200-216, 221-226, 229-232, 245, 261)

Dieser Begriff ist uns Zeitgenossen des dritten Jahrtausends kaum noch vertraut. In gnostischen Schriften zu Beginn unserer Zeitrechnung spielt er jedoch eine zentrale Rolle. Das Wort Nous kommt aus dem Griechischen.

Es vermittelt zwischen Seele und Geist (pneuma) und macht sie durchlässig füreinander. Insofern ist es eine Art 'Pforte' oder höheres Prinzip. Heute lässt sich wohl sagen, das Nous entspricht dem 'Höheren Selbst' oder 'Höheren Bewusstsein'.

Dieses hat freilich nichts mit dem Intellekt zu tun, der alles, was er betrachtet, zerlegt und der Lebendigkeit beraubt. Das Nous entspricht vielmehr einem Verständnis *von innen heraus*, das uns Zugang zu unmittelbarer Erkenntnis verschafft. Mit seiner Hilfe können wir die Wahrnehmungsmuster unserer niederen Persönlichkeit überwinden und uns zum 'Höheren Bewusstsein' aufschwingen.

In der christlichen Gnostik war es das Tor, durch welches man die Ewigkeit schauen konnte. Diese Vision ist ja schon angesprochen worden. Ohne sie ist ein Aufstieg nicht möglich.

Maria-Magdalena führt uns das Nous als entscheidendes Instrument zur Befreiung vom Zyklus der Illusionen und Überwindung des Seelenschlafs vor Augen. Es ist das wichtigste Werkzeug überhaupt und erlangt seine volle Bedeutung erst, wenn man sich mit den übrigen bereits auskennt.

Die Offenbarung des Nous ist gleichsam die Krönung unserer Wachstumsbestrebungen. Definieren lässt es sich eigentlich nicht. Man muss es erfahren.

Mit seiner Hilfe kann es uns gelingen, unser innerstes Wesen in Regionen zu erheben, für die es keine irdische Entsprechung gibt.

Dafür müssen ganz neue Begriffe gebildet werden. Meiner Ansicht nach ist es Aufgabe der nächsten Generation, dieses Phänomen in Worte zu fassen und genauer zu beschreiben.

Bei Maria-Magdalena ist die vom Nous vermittelte Vision beim Aufstieg dem Lauschen überlegen. Das Gehör ist eher passiv, während die Vision des 'Höheren Bewusstseins' von einer intensiven Dynamik beseelt ist. Wenn man das Nous erlangt hat und sich davon berühren lässt, befindet man sich fraglos an der Schwelle einer tief greifenden Metamorphose.

Alles erscheint dann in einem ganz neuen Licht: Die Masken fallen - eine nach der anderen, sowohl die gesellschaftlichen als auch unsere eigenen und die Grenzen dessen, was wir 'Leben' nannten, lösen sich auf.

Der Geist wird zur Wirklichkeit ... man spürt es genau. Insofern ist das Erreichen des Nous ein entscheidender Wendepunkt. Es läuft dann sozusagen 'eine ganz andere Platte'. Wir messen nun alles an völlig neuen Maßstäben.

Natürlich ist es heutzutage nicht leicht, sich einer Weisheit jenseits des Intellekts zu öffnen. Doch genau dieser Wandlung muss unsere Gesellschaft sich stellen, denn es gibt eine Form von Intelligenz, die vom messbaren IQ weit entfernt ist. Diese Weisheit - die Weisheit des Nous - teilt das Leben nicht ein. Sie fasst es nicht dualistisch auf und stempelt niemanden ab. Sie richtet nicht. Sie erscheint, entfaltet sich und handelt schließlich aus Liebe zum Ganzen.

Sie liegt auch in einer anderen Zeit - und zwar in einer Zeit, die für uns nur gelegentlich wahrnehmbar ist, wenn es uns gelingt, durch den 'Schleier der Zeit' zu blicken.

Aber genau wie Gebet und Meditation kein Selbstzweck sein können, darf man den Schlüssel, welchen das Nous uns reicht, nicht schon für einen Zustand der Vollendung halten.

Es ist vielmehr gerade ein Ausgangspunkt. Mit dem Übergang auf eine andere Bewusstseinsebene, erschließt es uns eine völlig neue Wahrnehmung *Dessen, was Ist* und erweitert unseren Handlungsspielraum. Das kann durchaus Schwindelgefühle auslösen, das stimmt. Wenn unsere Welt ins Wanken gerät, sollten wir uns an die Wahrnehmung erinnern, die wir als Kinder hatten ...

Ich werde nie vergessen, mit welchen Augen ich mit sechs oder sieben Jahren ein bestimmtes Haus sah, an dem ich öfter vorbeiging. Es kam mir riesig vor, völlig unerreichbar wie ein Schloss. Als ich es Jahre später wiedersah, musste ich mit Erstaunen feststellen, dass es ein normales Wohnhaus war, nur etwas größer als die anderen!

Entsprechendes gilt für unsere 'inneren Räume' und die Welt, aus der alles hervorgegangen ist. Je größer wir werden, desto eher können wir sie überblicken und mit dem Herzen erfassen.

Das Wissen, das Maria-Magdalena uns nahebringt, setzt sich über die Regeln menschlicher Logik hinweg. Wer es sich aneignet, bewegt sich jenseits der Norm.

Die Jüngerin hat unmittelbaren Zugang zu den Bewusstseinsschätzen des Meisters, weil sie die Schwelle des Nous erreicht hat. Sie ist nicht etwa empfänglich dafür, weil sie mehr studiert oder bestimmte Regeln befolgt hat. Das hat mit dem Grad ihrer Intuition nichts zu tun.

Einer der Apostel drückt es ganz einfach aus: "Weil ihre Seele eine große Reise gemacht hat". Entscheidend ist allerdings nicht, wie lange eine Seele schon auf dem Weg der Erkenntnis wandelt, sondern wie bedeutsam dieser Weg ist, wie groß die Herausforderung und welchen Mut man dabei aufbringen muss.

Da Maria-Magdalena dieses Entwicklungsstadium erreicht hat, ist sie nun in der Lage, anderen einen geistigen Impuls zu geben. Es ist eine ganz natürliche Folge ihres eigenen Aufstiegs. Sie hat sich also nicht entschlossen zu lehren, nachdem sie sich vertieft mit bestimmten Fragen beschäftigt hatte. Vielmehr wird sie von ihren Mitmenschen als wahrhaftige Lehrerin anerkannt.

Auch wenn sie Myriams Art, 'erleuchtet zu sein', schwer annehmen können, so sind sie doch fasziniert davon. Es geht *etwas* von ihr aus, sie hat eine ganz bestimmte Ausstrahlung, welche die anderen Jünger anregt, Fragen zu stellen.

Deren wiederholte Ablehnung von Myriams Lehre führt uns mögliche menschliche Reaktionen auf den unmittelbaren Ausdruck des Nous vor Augen.

Wer Zugang zu der Vision hat und vor aller Augen eine Aufstiegsbewegung vollzieht, sorgt zwangsläufig für Wirbel. Seine Worte fallen aus dem Rahmen - und auch bestimmte Wesenszüge, selbst wenn er gar nicht die Absicht hat, andere zu schockieren. Sobald jemand das 'Höhere Bewusstsein' durch sich sprechen lässt, wird er gleichsam zum Splitter in der Ferse seiner Gesellschaft. Er wirkt faszinierend, stört aber auch die normalen Abläufe.

Die Weisheit des Nous folgt wie eine neue Geburt auf die zahllosen Tode der niederen Persönlichkeit. Sie schlägt die Brücke zwischen den vielfältigen Wirklichkeiten und *der einen* Wirklichkeit. Damit regt sie uns an, weiterzugehen ...

## Wem soll man folgen?

(Zeilen: 35-38, 48, 49, 161-166, 184-187, 394, 395)

Diese Frage stellt sich früher oder später unweigerlich. Wer sich innerlich auf die Suche macht, hat zumeist jemanden, der ihn anleitet, ein Vorbild, eine Autorität, die ihm 'den rechten Weg' weist.

Welches aber ist der 'rechte Weg'? Es gibt ja viele Möglichkeiten ... Sind sie miteinander vergleichbar?

Genau genommen ist der Weg eines Apostel Johannes ein ganz anderer als der des Saulus von Tarsus. Entsprechend hatte Franz von Assisi gewiss eine völlig andere Wahrnehmung als der heilige Bernhard von Clairvaux, um zwei weitere Symbolgestalten des Christentums zu nennen.

Und nun?

Im vorliegenden Evangelium wird diesem Problem in wenigen Zeilen nachhaltig auf den Grund gegangen. Dem Meister zufolge, soll man nicht 'diesem' oder 'jenem' nachlaufen, sondern sich allein an der eigenen Mitte ausrichten. Der wahre Lehrer, der uns wirklich leitet, befindet sich in unserem Inneren.

Dabei geht es meines Erachtens nicht darum, Vorbilder zurückzuweisen, die uns inspirieren, sondern an eine ursprüngliche Wahrheit zu gemahnen. Der Aufstieg in höhere Regionen ist eine Begegnung mit unserem tiefsten Inneren. Sie gibt uns die volle Macht über uns selbst zurück.

An einem bestimmten Punkt des Wachstums kann es nicht mehr darum gehen, jemand anders über die Öffnung unseres Herzens entscheiden zu lassen. Der Finger, der auf den Ausbilder wies, wendet sich und zeigt auf uns selbst. Erwachsen wird, wer sein Leben selbst in die Hand nimmt.

Nun könnte man sich natürlich fragen, warum der Lehrer dann überhaupt noch Schüler um sich versammelt. Ganz einfach, weil Er sich nicht mehr als 'Person' begreift. Er ist zu einer 'Weltauffassung' geworden, zu einer bestimmten Wahrnehmungsweise, die für sich steht.

Wohl trägt Er weiterhin die Maske des Meisters, denn jedes gesprochene Wort bedarf eines Mediums. Das Mark des Baumes darf nicht zu weit von der Rinde entfernt sein. Kurz gesagt, Er will die Gräben nicht weiter vertiefen.

Indem Er das Prinzip des Erhabenen verkörpert, unterwirft Er sich zugleich auch den Gesetzen der Materie. Allerdings ist der Meister kein Mensch im engeren Sinne mehr. Er ist zu Dem geworden, was uns allen gemeinsam ist - und nennt es 'Menschensohn'.

In diesem Sinne spiegelt die Kraft, die durch Ihn zum Ausdruck kommt, uns nicht vor, sich von uns zu unterscheiden. Sie spricht von uns - und zeigt, wie wir im Zustand der Verbundenheit mit unserem wahren Wesen sind.

Der Meister spricht weder von einem Ort, an den wir uns begeben müssten, noch von einem Zustand, in den wir uns versetzen sollen, sondern von dem 'göttlichen Funken', der stets in uns ist.

Das Schiff, der Kapitän, unser Heimathafen und der Ozean, all das sind wir allein selbst - auf dem Gipfel unserer inneren Pyramide.

Und wenn Er sagt: "Ich gebe euch *meinen* Frieden", so spricht wiederum nicht der Mensch aus Fleisch und Blut, sondern Er, der zur Quelle zurückgekehrt ist. Es soll uns daran erinnern, dass jeder von uns sich seine Herkunft wieder ins Gedächtnis rufen und Kraft daraus schöpfen kann.

Folglich kann es nicht darum gehen, sich einfach bei der sogenannten 'Spiritualität' zu bedienen, die landauf, landab grassiert. Mit einem kühnen Vergleich aus der modernen Lebenswelt zu sprechen, wäre das wie im Einkaufszentrum, wo allenthalben Verkäufer versuchen, einen in ihre Abteilungen zu locken.

Zwar kann es absolut löblich sein, einen bestimmten Weg zu gehen und gegebenenfalls einer bestimmten Richtung anzuhängen. Das ist durchaus respektabel. Aber es kann stets nur eine Facette des Prismas sein, hinter dem sich unsere ursprüngliche Wirklichkeit verbirgt. Das dürfen wir nicht vergessen. Wer einer Schule oder einem Menschen nachfolgt - streng genommen also einer 'Maske', so edel sie auch sei -, sollte den Mut und die Reife aufbringen, ihre Vergänglichkeit zu sehen. Früher oder später werden wir doch auf uns zurückgeworfen.

## Von der Frau, die unseren Einweihungsweg befördert, zum inneren Christus

(Zeilen: 181 - 189, 191 - 198, 247, 252-255, 276, 277, 280, 281, 383-387)

Christus lebt in uns allen. Er *ist jedem Wesen inne*. Diese Einsicht ist das Herzstück der Einweihungslehre, die Maria-Magdalena uns überbringt. Die Quelle, die Mitte, das innerste Mark, der 'göttliche Funke' ... all das verweist darauf.

Selbst wenn man die zarte Flamme unserer ursprünglichen Einheit verleugnet, lodert sie doch in uns. Tief in ihrem Inneren bewahrt die Seele diese Vision und weiß, dass sie anderswo gar nicht suchen muss - also irgendwo 'außen'. Darum sagt sie auch auf ihrer symbolischen Reise: "Während ich in meinem Inneren sah ..."

Entsprechend heißt es: "Der christliche Ursprung wird uns niemals verlassen."

So sagt Myriam zu den zerknirschten Jüngern, die vom Fortgehen des Meisters entmutigt sind, einfach nur: "Die Essenz seines Lichtes verlässt uns nicht."

Auffällig ist auch Folgendes: Bevor sie diese Worte äußert, umarmt und küsst sie die Jünger. Damit gibt sie eine Kraft und Gewissheit weiter, die sich in ihr verkörpert. Sie ist Überbringerin dieser Kraft und spendet zugleich Trost. Damit ruft sie die höchsten metaphysischen Konzepte auf den Plan und bleibt doch eine Frau aus Fleisch und Blut. Wie eine Mutter, gibt sie ihren Nächsten Halt und schließt deren Leid in ihre Liebe mit ein. Erneut erweist sich also die Nähe von Geist und Materie. Es wird uns vor Augen geführt, wie eng sie miteinander verbunden sind.

Was uns Leben schenkt, davon kann man sich nicht lossagen. Es kommt auf vielfältigste Weise in uns zum Ausdruck. Genau darauf läuft die Botschaft hinaus.

In diesem Evangelium wird ganz deutlich, dass aufgrund ihrer ausgeprägten Sensibilität im Wesentlichen die Frau Trägerin der Vision der Wandlung ist. Sie ist eigens vom Meister erwählt worden, den Impuls für die Einweihung anderer zu geben, denn sie verkörpert die Quintessenz Seiner Lehre.

In diesem Sinne hat Maria-Magdalena als Impulsgeberin fraglos einen höheren Status als die anderen Apostel.

Überhaupt steht sie als einzige Frau im Zentrum eines strikt männlichen Umfeldes. Das könnte ein Hinweis sein auf die Bedeutung der weiblichen Empfindsamkeit als fruchtbringendes Ferment in einer exzessiv männlich geprägten Welt, die zu erstarren droht. Der Sauerteig ist ja grundsätzlich der geringste Teil des Teiges.

Maria-Magdalena ist allein. Aber mit Dem, was nur sie aufnehmen und im Materiellen verankern konnte, ist auch die Kraft auf sie übergegangen, Es weiterzugeben.

Nun stellen sich zwei Fragen: Warum ist das christliche Bewusstsein ausgerechnet auf sie übergegangen - und warum hat sie einen so unmittelbaren Zugang zum Meister? Auch das wird gesagt. Weil sie sich nicht verzettelt, sich nicht 'zerstreut' und anstatt ihren analytischen Verstand einzusetzen ... einfach Vertrauen hat. Der Lehrer lässt sie wissen, dass Er auf sie zukommt, weil "sie ihre Mitte nicht vergessen hat" - und fügt hinzu: "Du schaust nicht nur - du siehst."

So wird Maria-Magdalena zum Symbol einer Dynamik, die für unsere Welt auf der Suche nach sich selbst unabdingbar ist. Sie verkörpert eine Gewissheit und einen Glauben – ohne die wir entschlusslos in Irrungen und Wirrungen versanden.

Diese kraftvolle Seite Maria-Magdalenas macht sie zur vom Meister eigens erwählten Vermittlerin der Erweckung des 'inneren Christus'. Das lässt bereits erahnen, dass nicht nur ihre persönliche, weibliche Sensibilität dafür verantwortlich ist. Vielmehr steht dahinter das urweibliche Prinzip schlechthin. Es bewirkt die Einweihung. Myriam ist keine x-beliebige Frau! Sie wird mit dem Namen 'Liebste' geehrt. Aufgrund ihrer Offenheit, ihres Willens und Mutes, ist sie mit aller Selbstverständlichkeit in diesen Rang erhoben worden.

Genau genommen sind die männlichen und weiblichen Anteile in Myriam sehr ausgewogen. In ihr gewinnt ein androgynes Ideal Gestalt, das sie an die Schwelle des 'Höheren Bewusstseins' stellt.

"Wer ist diese Frau?", fragt Simon Petrus, sichtlich betroffen vom Facettenreichtum ihrer Persönlichkeit.

Die Frage ist nun, warum die Apostel, die für unsere zweiflerische, zögerliche Welt stehen, sich dennoch freiwillig in Gesellschaft einer solchen Frau begeben. Vermutlich, weil sie nicht nur weibliche Intuition verkörpert, sondern auch jene aktive Erneuerungskraft, die uns auf dem Weg zum harmonischen Gleichgewicht eines androgynen Ideals noch fehlt.

Maria-Magdalena besitzt einen Körper, der andere umarmt und eine Seele, die sich dem Ungreifbaren öffnet. Sie ist Wurzeln und Blattwerk zugleich ... fest entschlossen, voller Energie und doch von einer Zartheit, die sich nicht scheut, zu Tage zu treten.

Das Ende des Evangeliums zeigt sie uns in Tränen. Angesichts der Aggressivität Simon Petrus' weint sie.

In einem solchen Text ist jedes Wort von Bedeutung. Wenn also auf die Sensibilität der Jüngerin Jesu' hingewiesen wird, sie vielleicht sogar entmutigt wirkt, soll auch das uns eine Lehre sein.

Ganz gleich wie weit man geistig entwickelt ist - der inkarnierte Zustand bringt eine gewisse Verletzlichkeit mit sich. Sie zu zeigen ist kein Zeichen von Schwäche, sondern gerade wahrer Größe.

Dieser Text, der uns von christlichen Gnostikern hinterlassen wurde, wirft an vielen Stellen die Frage der Beziehung zwischen Mann und Frau auf, die fast zwangsläufig dualistisch ist. Im Grunde stellen Andreas und Simon Petrus weniger Maria-Magdalena als Person infrage, als die vollendete weibliche Welt, die sie verkörpert. "Sollen wir es für möglich halten, dass eine Frau solche Worte aus dem Munde des Meisters empfangen hat?"

Die Frage spricht Bände und ist bis heute höchst aktuell! Insofern ist es gewiss kein Zufall, dass dieses Evangelium gerade in unserer Zeit wiederentdeckt wurde ... zumal unsere Kultur uns dazu drängt - von wenigen Ausnahmen abgesehen - Weisheit nur in männlichem Gewande anzuerkennen.

Abschließend möchte ich darauf hinweisen, wie nachhaltig Myriam die Apostel doch verunsichert! Das ist schon sehr auffällig. Ständig sind sie zwischen Anziehung und Abneigung hin- und hergerissen. Erst kommen sie mit Fragen – dann verschließen sie sich sofort wieder. Die Jüngerin drängt sich ihnen nicht auf. Sie hat es nicht darauf angelegt, ihren Schatz zu offenbaren. Ständig wird sie gebeten zu erzählen. Sie wird Schwester genannt, zugleich aber stehen ihre Worte stets unter Vorbehalt ... und werden oft genug verworfen.

Wie alle, die mit dem Wesentlichen in Berührung gekommen sind und es in sich tragen, erhitzt Myriam von Magdala die Gemüter. Sie wird abgewiesen und doch geliebt ... und löst Schwindelgefühle aus. Genau darum ist sie uns heute näher denn je.

Sie schockiert ihre Zuhörer und strapaziert deren Nerven, weil sie in ihnen etwas berührt, das erschüttert werden muss.

Es ist ihre Aufgabe, sie aus ihrer tiefen Lethargie zu reißen und das Göttliche zu wecken, das in ihnen schlummert. In gewisser Hinsicht macht sie Schluss mit einem Zustand, den Jean Cocteau interessanterweise so beschreibt: "Wir sind der Traum eines Schläfers, der in einem so tiefen Schlaf versunken ist, dass er uns gar nicht zu träumen glaubt."[11]

11 Jean Cocteau: Der Doppeladler. In: ders.: Werkausgabe in zwölf Bänden. Hg. von Reinhard Schmidt. Band 5: Theater II. Frankfurt a. M.: Fischer Taschenbuch 1988, S. 47-205, hier S. 146. Übersetzung von Fritz Habeck.

## Der Menschensohn

(Zeilen: 164-169, 173, 184-187, 389-392, 394, 395)

Erstaunlich, wie gelassen wir es hinnehmen, dass diese Bezeichnung auf Christus angewandt wird. Dabei ist sie doch recht seltsam. Das mag daran liegen, dass sie ständig in den kanonischen Texten vorkommt. So haben wir uns daran gewöhnt und denken nicht weiter darüber nach. Aber warum heißt der "Sohn Gottes" denn auch "Menschensohn"? Ist der Mensch etwa Gott? Wenn man 'Den Menschen' ganz groß schreibt, wohl schon. Voll verwirklicht auf der höchsten Stufe seiner Vollendung, ist das 'Prinzip des Menschen' mit dem Göttlichen *eins*. Sie unterscheiden sich nicht voneinander, es gibt keine Grenze zwischen ihnen ... Die ganze Tragik rührt nur daher, dass es uns so schwerfällt, diese Wahrheit zu fassen.

Der Meister verkörpert in Seinem tiefsten Wesen - in Seiner Essenz - die höchste Form menschlicher Vollendung. Und auch die Menschheit selbst steht in inniger Verbindung mit ihrer Quelle, dem ursprünglichen Träumer.

Man mag das kompliziert finden, schockierend oder gar blasphemisch, manch einem ist es vielleicht auch zu abstrakt. Aber es lohnt wirklich, darüber nachzudenken! Die wahre Menschheit - jenseits aller Schleier, mit denen sie sich seit grauer Vorzeit schmückt - ist von der göttlichen Wirklichkeit keineswegs getrennt. Sie ist nicht etwa nur 'aus ihr hervorgegangen' - sie ist aus demselben Stoff gewebt, also *eins* mit ihr!

Damit meine ich natürlich nicht die 'inkarnierte Menschheit'. Diese kennen wir. Wir wissen, wie sie sich ständig verstrickt und unablässig ihre eigenen Wirrungen stiftet. Nein, ich meine das Feuer, von dem sie beseelt ist. Jeder von uns ist ein Funken davon!

So gesehen ist die Menschheit, der wir angehören, erst eine Vorstufe der eigentlichen Menschheit. Sie ist noch nicht im vollen Sinne 'menschlich', weil sie noch nicht in der Lage ist, sich als Teil des Göttlichen aufzufassen. Wir verhalten uns wie Zellen, die sich dem Körper, dessen Teil sie sind, nicht zugehörig fühlen - als seien sie aus einem anderen Stoff gemacht. Jedes Mal, wenn wir das Göttliche außerhalb von uns situieren, verstärken wir diese unwillkürliche Abwehrhaltung und machen die Kluft tiefer.

Der eigentliche Christus - oder der Meister, an den wir uns alle wenden, auch wenn wir es nicht immer wissen, kann sich nur in unserem Inneren befinden. Wir sind von Seiner Realität durchdrungen, nicht nur seelisch, sondern bis tief ins Körperliche hinein. Wer das begreift, hat einen großen Schritt auf dem Wege zu sich selbst getan.

Ich bin zutiefst überzeugt, dass die Zeiten, in denen wir leben, geeignet sind, uns 'einen Fußtritt' zu verpassen, damit wir diesen Riesenschritt schaffen. Die Türen öffnen sich - allen Widerständen zum Trotz. Wenn das Bewusstsein eines Menschen sich weitet, so wirkt es auf die gesamte Menschheit und verändert unsere Wirklichkeit.

Ich habe einmal gehört, wie jemand sagte: "Für Gott ist es ein Leichtes, zu uns zu sprechen und uns Seine Lehren durch das Sprachrohr dieses oder jenes Erwählten zukommen zu lassen. Wie kann Er uns verstehen? Er hat es leicht - Er ist eben Gott und kein Mensch."

So kindisch und geradezu lustig diese Überlegung auch ist, so exemplarisch ist sie doch für die Auffassung, das menschliche Bewusstsein befände sich außerhalb des Göttlichen ... welches doch unsere wahre Natur ist.

Wir glauben uns zu kennen, meinen autonom zu sein und verorten uns doch ständig 'außerhalb von uns', weil wir unser eigentliches Wesen noch nicht erkannt haben. So pflanzen wir uns nach dem immergleichen Muster fort - geleitet von der Vorstellung, es gäbe einen Bruch zwischen uns und unserem Schöpfer. Folglich erscheint Er sehr weit weg von unserem Alltag zu sein - geradezu unerreichbar.

Das *Evangelium nach Maria-Magdalcna* führt uns eine ganz andere Wirklichkeit vor Augen. Es lehrt nicht ein fernes 'Reich Gottes', vor dessen Tor wir einmal treten müssen.

Der Meister spricht nicht von *Seinem* Reich, sondern von *unserem* Reich - also von jener unendlichen Wirklichkeit, die uns von jeher eigen ist. Insofern sind wir alle Könige - und selbst verantwortlich für unser Handeln.

Denkt man das weiter, so gelangt man zu folgender Überlegung: Das christliche Bewusstsein ist Erbteil eines jeden Menschen - ohne Ausnahme. Es geht also nicht darum, über dogmatische Details oder theologische Positionen zu streiten. Vielmehr ist damit ein völlig natürlicher Zustand angesprochen, der über jede Wortklauberei weit hinausgeht.

Man kann keine langen Reden schwingen über etwas, das man gar nicht kennt ... Nur Das, was in uns schon die Stufe geistiger Verwirklichung erreicht hat, ermächtigt uns, Zeugnis abzulegen - denn allein darin spiegelt sich das Licht wider ... und mehr noch: Es ist selbst strahlender Sonnenschein.

Der Begriff des 'Zeugen' scheint mir in der Lehre des Meisters, wie sie uns hier präsentiert wird, eine entscheidende Rolle zu spielen. Der Zeuge schlägt eine Brücke zwischen zwei Wirklichkeiten. Was er sagt, hat er nicht 'vom Hörensagen', sondern aus eigener Erfahrung.

Hat man das erst einmal verstanden, spürt man alsbald die Unmöglichkeit, das Bewusstsein des inneren Christus - also des Menschensohnes - anderen aufzuzwingen oder argumentativ nahe zu bringen. Es lässt sich nur erwerben, indem man sich ganz individuell dem Licht nähert ... und es dann weitergibt, indem man mit gutem Beispiel vorangeht.

Nur wer entschlossen zur eigenen Mitte aufbricht, kann anderen den Weg zur Mitte weisen. Daran kann nicht der leiseste Zweifel bestehen.

## Vom Inneren und Äußeren

(Zeilen: 38-42, 48-54, 61-63)

An diesem Punkt unserer Aufwärtsbewegung gilt es wiederum einen kaum merklichen Dualismus zu überwinden. Die Wahrnehmung der Einheit, die uns bei unserer Identitätssuche stets begleiten muss, kann uns nicht darüber hinwegtäuschen.

Es herrscht 'Einheit' oder eben nicht ... Entsprechend macht der Meister zweimal darauf aufmerksam, dass 'Innen' und 'Außen' ständig miteinander kommunizieren und zwar so intensiv, dass sie letztlich ... auf dasselbe hinauslaufen!

Eines spricht die Wirklichkeiten des anderen aus - und umgekehrt. Wir nehmen das Innere im Äußeren nicht wahr, wissen aber paradoxerweise ganz genau, dass die Freude, die uns abhandengekommen ist, nur in unserem Inneren sein kann. Schöner kann man es nicht sagen: Das Universum ist in uns - und wir sind das Universum. Das Göttliche ist in uns - und wir sind in ihm.

Der Lehrmeister öffnet uns damit eine Pforte, einen Zugang zum Gefühl der göttlichen Allgegenwart und führt uns indirekt schon an die Verschmelzung mit der Alleinheit heran.

Es schreckt viele Leute ab, wenn ich diese Verschmelzung erwähne. Das erlebe ich immer wieder. Sie wird oft aufgefasst als Vernichtung unseres individuellen Wesens zugunsten eines undefinierbaren 'globalen' Bewusstseins, als würden wir uns in etwas Allumfassendem auflösen, das letztlich einem Nichts gleichkommt. In Wahrheit ist genau das Gegenteil der Fall.

Die Entdeckung, dass die Unterscheidung zwischen 'Innen' und 'Außen' eine Illusion ist, führt zu einer enormen Erweiterung unseres Bewusstseins. Es zerstreut sich dadurch nicht an der ozeangleichen Oberfläche einer Unendlichkeit, es wird vielmehr 'größer' und kann nun alles mit Liebe umfassen.

In diesem Stadium der Vollendung gilt die Unterscheidung zwischen 'uns' und 'den anderen' nichts mehr. Auch der Einzelne und die Schöpfung stehen sich nicht mehr gegenüber, nicht einmal das. Es gibt nur noch eine einzige, unaussprechliche Wirklichkeit.

Ich bin überzeugt, dass viel mehr Menschen, als man denkt, zumindest gelegentlich Zugang zu diesem Gefühl der Alleinheit haben - und sei es nur für ein paar Sekunden. Es wirkt dann wie ein Tropfen Ewigkeit, voller Vollendung. Es stillt unsere Sehnsucht und gemahnt daran, dass wir ein wahres Wunder sind.

Die Kunst des geistigen Aufstiegs hängt wesentlich von der Fähigkeit zur Vereinfachung ab. So können wir unsere Neigung überwinden, alles zu klassifizieren und in Schubladen zu stecken. Wenn wir uns einmal beobachten, werden wir Folgendes feststellen: Entweder wir betrachten etwas als ‘uns zugehörig’ - also als Teil unseres Inneren -, oder wir verbannen es in eine Zone ‘außerhalb von uns’ und sind dann überzeugt, es gehöre nicht zu unserer Wirklichkeit.

Wem es gelingt, sich im Alltag seine Verwandtschaft mit allen Dingen ins Gedächtnis zu rufen, wird auch die Alleinheit erspüren lernen. Das ist im Übrigen auch der direkte Weg zu Mitgefühl. Es geht dabei nicht um große Gesten, sondern um den Willen, das Edelste und Menschlichste an uns in die Welt zu bringen. Dafür gibt es kein Patentrezept ... Man muss lediglich einen neuen Blick entwickeln - und Hände, um ihm Gestalt zu geben.

## Die Falle des Narzissmus

(Zeilen: 221 - 224, 253, 284)

“Ich bin auf der dritten Stufe meiner fünften großen Einweihung ...” Wie oft habe ich solche Behauptungen im Tonfall falscher Bescheidenheit nicht schon zu hören bekommen!

Wenn man es schwarz auf weiß liest, mag es einem wohl nur ein mildes Lächeln abringen, wirkt es doch karikaturhaft verzerrt und völlig übertrieben. Selbstgefällig die Stufe der Leiter zu betrachten, auf der man sich gerade zu befinden glaubt, kann aber tendenziell jedem passieren ... Diese Selbstbetrachtung führt indes meist nur dazu, dass man umso länger auf jener Stufe stehen bleibt.

Wenn Maria-Magdalena sagt: "Wer seine Augen betrachtet, sieht sein geistiges Auge nicht", so warnt sie uns vor einer bestimmten Form von Narzissmus, nämlich dem Stolz, zu glauben, man sei spirituell schon hoch entwickelt - während man sich in Wahrheit nur selbst auf den Leim geht. Unterwegs stehen zu bleiben und sich ein Podest zu errichten, ist eine weit verbreitete Falle. Es führt wiederum zu Elitenbildung. So entstehen kleine oder größere 'Kreise', innerhalb derer man sich für besonders weise hält - nur um alsbald erneut einzuschlafen!

Gestehen wir uns also ein, dass wir selbst dort mit Klippen rechnen müssen, wo wir uns ernsthaft darum bemühen, uns zu öffnen.

'Spiritueller Stolz' ist ein ganz eigenes Gebiet, das wir durchqueren müssen, genau wie die anderen auch. Ich finde, er fällt noch in den Bereich der Unwissenheit.

Das Universum der Unwissenheit ist auch das der Suche ... so widersprüchlich das auch erscheinen mag. Erst wenn unser Bewusstsein beginnt, Dinge zu hinterfragen, können wir wahrnehmen, was wir zu wissen glauben, aber auch erahnen, was wir noch nicht wissen. Den geistigen Dämmerzustand haben wir hier schon hinter uns gelassen, denn Unwissenheit enthält bereits die Dynamik der Frage.

In diesem Zusammenhang ist es auffällig, dass Myriam, die beginnt 'sehend' zu werden, wenn sie gebeten wird, zu lehren, stets das Bedürfnis verspürt, den Schleier vor ihren Augen herunterzulassen. Das ist eine schöne Art, uns daran zu erinnern, dass Erwachen edle Zurückhaltung mit sich bringt.

## Angst vor dem Neuen – ein uralter Abwehrmechanismus

(Zeilen: 265-267, 272-274, 280, 281, 346-352, 368-373, 381-387)

Diese Angst ist weit verbreitet. Es sind davon sogar Menschen betroffen, die recht aktiv sind. Nun ... lebendig sein, Erneuerung verbreiten – das ist eben etwas völlig anderes, als nur die Fassade eines Hauses frisch zu verputzen. Es gilt dabei nicht nur Mauern zu erneuern, die einzustürzen drohen. Man muss den gesamten Bauplan neu überdenken.

Wir alle wollen uns weiterentwickeln, wollen den Gipfel des Berges erklimmen, um die Welt aus einer anderen Perspektive zu sehen.

An dieses Ideal halten wir uns. Das ist unsere erklärte Absicht! Doch in der Praxis sieht die Sache ganz anders aus. Wir sind in diesem oder jenem Glauben erzogen worden, nach bestimmten Grundsätzen, und es ist gar nicht so einfach, sich darüber hinwegzusetzen. Es sind ja immer die anderen, die einer 'Gehirnwäsche' unterzogen wurden und nicht von ihren Verhaltensnormen abweichen können – niemals wir selbst! Für Simon Petrus und Andreas ist die Lehre Männersache – sie kann nur von einem Mann weitergegeben werden. Die Vergangenheit gibt ihnen Recht. Sie klammern sich daran, weil sie durch das, was Maria-Magdalena ihnen vermittelt, die Kontrolle über ihre Wahrnehmung der Welt zu verlieren drohen.

Genau wie unsere heutige Gesellschaft dazu neigt, systematisch alles abzulehnen, was über materielle Werte hinausgeht, wehren sich die männlichen Apostel gegen eine feinere, weibliche Wirklichkeit, welche der Intuition viel Raum gibt ... und schon auf die Androgynität der vollen, menschlichen Selbstverwirklichung verweist.

Die Apostel schützen sich mit einem alten Abwehrmechanismus - sie ziehen alles in Zweifel, was Veränderungen mit sich bringt und lehnen es letztlich ab. Entsprechend weigert sich auch unsere Welt, über schlichte, primäre Denkmuster hinauszugehen und verlässt sich lieber auf die Sicherheit des Gewohnten.

Auch Dualität gibt uns Sicherheit - weil sie uns vertraut ist. Aber nicht nur tief sitzende Ängste und Unsicherheiten lassen uns zögern, Altvertrautes abzulegen, sondern auch Stolz. Er trägt wesentlich zu unserer geistigen Erstarrung bei.

Damit eine neue Wirklichkeit in uns eindringen kann, müssen wir in unserem Inneren Platz für sie schaffen. Nur dann kann der Horizont sich weiten. Wenn man völlig 'von sich erfüllt' ist und seinerseits den ganzen Raum einnimmt, ist eine Befreiung - eine Erweiterung des Blicks - fast unmöglich.

In diesem Zusammenhang erweist sich Demut als Hinweis auf Reife und Größe. Um Raum in sich zu schaffen, muss man bereit sein, das Leben in anderen Farben zu gestalten. Das kann nicht jeder. Selbst die größten Geister scheitern daran!

Ich werde nie vergessen, was ein 'großer französischer Wissenschaftler' einmal nach einem Vortrag äußerte, auf dem der Redner eine Weltsicht präsentiert hatte, die mit uns bekannten Gesetzen unvereinbar ist: "Wenn es stimmt, was dieser Mann behauptet", sagte er, "dann wäre mein Lebenswerk zerstört ... das kann ich nicht akzeptieren!"

Das spricht für sich! Dieses Eingeständnis wirft ein Licht auf die ganze Tragik des gesellschaftlichen Spiels, auf das wir uns eingelassen haben - und das nun zur Falle geworden ist. Wenn wir ehrlich sind, müssen wir zugeben, dass wir gelegentlich ähnlich gehandelt haben, sogar bei ganz unbedeutenden Anlässen. Zuweilen weigern wir uns ganz bewusst, bestimmte Entwicklungsschritte zu gehen - weil der Stolz überwiegt. Er gibt unserer 'Persönlichkeit' Rückhalt und betäubt das Bewusstsein.

Das *Evangelium nach Maria-Magdalena* weist wiederholt auf Probleme hin, die aus solchen Reaktionen entstehen. Es zeigt auf, mit welchen Hindernissen wir im Laufe des Aufstiegs rechnen müssen. Aber das ist noch nicht alles. Darüber hinaus richtet es eine ganz entscheidende Frage an uns: "Wollen wir das, was wir wollen, wirklich ... oder machen wir uns wieder bloß etwas vor? Spielen wir nur Theater?"

Simon Petrus wird von Levi heftig angegangen, weil er die Lehre Maria-Magdalenas ablehnt. Indem ihm vorgeworfen wird, genauso zu handeln wie 'seine Gegner', wird eine typisch menschliche Reaktion deutlich gemacht. Wir Menschen sind fähig, im Namen des Friedens aggressiv zu sein und anzugreifen, im Namen der Liebe zu hassen und im Namen Gottes zu töten - kurz gesagt, alle nur denkbaren Waffen einzusetzen und uns dabei auf Harmonie zu berufen.

Ich finde, so langsam ist es an der Zeit, unsere Seele von eingefleischten archaischen Gesten zu befreien, die uns letztlich zu Kranken und Sterbenden machen. Es ist eine Entscheidung, die man, so meine ich, zunächst nur für sich selbst treffen kann, bevor man sie weiterverbreitet.

## Eine gewisse Stille

(Zeilen: 1-5, 154-156, 389-398)

So wie alles mit Stille beginnt, löst sich am Ende auch alles in einer gewissen Stille auf. Sie macht noch die letzten Widerstände zunichte.

Wir begegnen ihr, wenn die Gegenwart sich gleichsam 'ausdehnt', so würde ich es sagen, also in einem Moment, da wir allen inneren Widerstreit zum Schweigen gebracht und uns für Vertrauen entschieden haben.

Entsprechend tritt Levi in den letzten Zeilen des Evangeliums, indem er darauf hinweist, wie abwegig die Reden seiner Gefährten doch sind, verbindend auf. Diese Rolle ist ganz wichtig. Was er sagt, ist einfach, aber klar und logisch. Gerade deshalb ist es so wichtig. Es folgt darauf eine lebendige Stille - ein höchst beredtes Schweigen -, das den rationalen, menschlichen Verstand, der so viele Missverständnisse verursacht, in seine Grenzen verweist. Wenn nun geschwiegen wird, so heißt das noch lange nicht, dass alle Apostel von den Worten Myriams von Magdala überzeugt wären ... Aber sie haben *etwas* in ihnen unmittelbar berührt. Dieses *etwas* entspricht dem Willen, sich nun wieder in aller Ruhe dem Wesentlichen zuzuwenden. Es ist die Einwilligung, den sich im Kreise drehenden Gesprächen ein Ende zu setzen ... und womöglich jene Liebe in die Welt zu bringen, von der sie angeblich erfüllt sind. Ihre 'niedere Persönlichkeit' schweigt. Sie geben allen Widerstand auf, entschließen sich, Levis Aufforderung zu folgen und das Menschliche in sich Wurzeln schlagen zu lassen.

Genau wie die Jünger sollten auch wir im Leben einen anderen Ton anschlagen und den rationalen Verstand erst einmal beiseite lassen.

Die Stille wiederzuentdecken ist überaus wichtig für unsere Welt. Schrille Töne sind in unseren Gesellschaftsformen an der Tagesordnung. Der Missklang ist zur Lebensform geworden. Er erscheint uns stimmig.

Eine bestimmte Form von Stille zu kultivieren, hat jedoch nichts mit Langeweile oder Einsamkeit zu tun. Es heißt vielmehr, darauf zu setzen, die verbindende Harmonie eines inneren Raumes zu finden, der alles übersteigt.

Um Stille zu genießen, müssen wir nicht verstummen. Wir müssen uns weder aus der Gesellschaft zurückziehen noch uns strengen Meditationsregeln unterwerfen! Wir müssen lediglich den Willen aufbringen, uns in den überall grassierenden Zerstreuungen nicht mehr zu verzetteln. In diesem

Willen schwingt die Entscheidung mit, uns voller Freude und Begeisterung wieder dem Wesentlichen zuzuwenden: Der Liebe, die jenseits der Sprache liegt und über alle Vorstellungen hinausgeht - jener Liebe, die von unserer gemeinsamen Wurzel zeugt.

## Der Quantensprung

(Zeilen: 388-392)

Dieser Begriff führt zwar etwas über die Beschäftigung mit dem Evangelium hinaus, sollte aber an diesem Punkt unserer Überlegungen doch mitbedacht werden. Das Evangelium, von dem wir uns durchdringen ließen, zeigt zunächst unseren Abstieg im Sinne einer Entfernung vom göttlichen Geist und dann unseren Aufstieg, unsere Entwicklung. Es markiert aber auch den Punkt, an dem wir gerade stehen. Diese ausgesprochen weite Perspektive wird so manchen Leser abschrecken. Wie gesagt, da kann einem wirklich schwindelig werden. Das Ganze sieht doch recht entmutigend aus. Die Leiter, auf der wir zu unserem Ursprung zurückkehren, hat so viele Sprossen und sie erscheinen so hoch! Nun, hier können wir wieder zum Spielball einer Illusion werden, nämlich der Vorstellung der Zeit, die vergeht und uns übersteigt. Wir fühlen uns ihr unterworfen und scheinen kaum voranzukommen. Durch Rückschläge wird unsere Geduld zusätzlich strapaziert. Alles geht viel zu langsam und ist furchtbar anstrengend.

Der Lebensplan in uns ist beunruhigend, beinahe betäubend. Allein die Aussicht, diesen Weg vor sich zu haben, wirkt lähmend. Wie soll man nur die Kraft aufbringen, sich in einem Wachstumsprozess zu sehen, der sich über Milliarden von Jahren hinzieht?

Aus dem Blickwinkel der traditionellen Zeitauffassung, kann man sich da leicht so unbedeutend, machtlos und verloren fühlen wie ein Sandkorn in der Unendlichkeit.

Indes bin ich zutiefst überzeugt, dass die Weisheit des Lebens - oder Gott, wenn man so will - in die Evolution des Bewusstseins so etwas wie 'Abkürzungen' eingebaut hat. Die Entwicklung verläuft nicht so gemächlich wie wir denken. Wir sind nicht an eine unerträgliche Langsamkeit gebunden.

Was ich damit sagen will, ist, dass wir sowohl kollektiv als auch individuell in der Lage sind, uns unvermutet sprunghaft weiterzuentwickeln. Ich halte uns für fähig, 'eine andere Platte aufzulegen', wie ich es oben genannt habe, also nicht nur unvermittelt die Richtung zu wechseln, sondern einen radikalen Umbruch herbeizuführen. Schließlich haben wir einen bestimmten Kelch wahrlich bis zur Neige geleert.

Es gibt Augenblicke im Bereich des 'großen Traumes', in denen solche Sprünge nicht nur leichter vonstattengehen, sondern geradezu unvermeidlich sind. Und ich ahne, dass wir kollektiv an einem solchen Punkt angelangt sind. Wir befinden uns gerade an einem Scheideweg, der uns einen Quantensprung abnötigt.

Umwälzungen unseres Inneren führen aber zwangsläufig auch zu entscheidenden Veränderungen unseres Universums. Ich denke dabei an eine tief greifende Modifizierung der Gesetze unserer materiellen Welt. Das kollektive Hologramm, mit dem wir unsere Wirklichkeit denken[12], ist so beschaffen, dass es letztlich zu einer grundlegenden Metamorphose unserer Umgebung, also des 'Raumes', in dem wir uns bewegen, führen muss - bis hin zu einer Veränderung der Atomstruktur der Materie.

Wir werden von einer 'geschlossenen' Struktur zu einer Struktur übergehen, der unzählige Möglichkeiten offen stehen. Auf dieser Erkenntnisstufe verliert das 'Maß der Zeit', wie wir es bisher kannten, seine Bedeutung. Der Quantensprung ist nichts anderes als ein Bewusstseinssprung, mit dem wir uns über die Illusion der Zeit erheben. Ab diesem Punkt gibt es kein Zurück, man kann nicht mehr auf eine tiefere Ebene zurückfallen. Der Sprung bringt alle Schöpfungsebenen - von der dichtesten Materie bis zur subtilsten Feinstofflichkeit - schlagartig voran.

Eine solche Verwandlung war natürlich schon immer möglich. Sie fand aber nur vereinzelt statt, bei Menschen, die aufgrund ihrer seelischen Kraft in der Lage waren, über sich hinauszuwachsen und auf eigene Initiative eine Abkürzung zu nehmen. Es sind dies Wesen wie *Christus* und *Buddha*, die der Menschheit von jeher als Leitsterne dienten. Ihr eigener Quantensprung hat sie über unsere allgemeingültige Wirklichkeit hinweggehoben. So wurden sie gleichsam zu einem menschlichen 'Stein der Weisen'.

Wenn man erst einmal verstanden hat, was das bedeutet, gehen einem die Stellen im *Evangelium von Maria-Magdalena*,

12 Vgl. Von OBEN betrachtet, von Daniel Meurois, Silberschnur Verlag.

wo von der ständigen Anwesenheit des Meisters in uns die Rede ist, erst eigentlich auf.

'Der Meister' - das ist die erhabene Wirklichkeit, die wir 'irgendwo' außerhalb der Zeit bereits erlangt haben und an die wir uns nun erinnern müssen, um *den* entscheidenden Sprung zu machen.

Wenn wir einen kollektiven Quantensprung vollziehen, so bedeutet das freilich nicht, dass wir schlagartig alle erleuchtet werden! Das muss man sich schon vor Augen halten. Es bedeutet zunächst einmal, dass wir bestimmte Grenzen in uns aufgelöst haben, die bislang undurchdringlich waren. Das bereichert die 'Partie', die wir spielen enorm und nähert uns der befreienden Liebe an. Es heißt aber auch, dass immer mehr Menschen sich dem wahrhaftigen Mensch-Sein öffnen.

Doch bevor wir weitergehen ... sollten wir uns vielleicht einen Augenblick in jene Stille vertiefen, mit der das *Evangelium nach Maria-Magdalena* endet. Lasst es uns einfach noch einmal lesen ... während wir an der Schwelle des Nous verharren ...

Der Härte dieser Welt ungeachtet, wird dann spürbar werden, dass jene unter uns, die zu echter Erkenntnis gelangen möchten, stets Zugang zu diesen so wesentlichen, wundervollen Momenten haben, die wir im Grunde bereits erleben können.

# Im Wandel der Zeiten…

## Vierte Etappe

Der Höhleneingang, in dem Myriam sich wohnlich eingerichtet hatte, war sonnenüberflutet. Mein Blick verweilte zwischen den Blicken der jungen Leute aus Caesarea. Würden sie die Frau, um deretwillen sie übers Meer gefahren waren, heute zu Gesicht bekommen?

Tags zuvor hatte Myriam sich nicht gezeigt und war den ganzen Tag alleine in ihrer kleinen, dicht an die Felsen geschmiegten Hütte geblieben. Sie hatte einfach erklärt, sie müsse Öle und Salben zubereiten ... Die Jünglinge waren seit Morgengrauen zugegen gewesen und hatten kaum zu sprechen gewagt, um den Zauber dessen, was sie hinter den Wänden erahnten, nicht zu stören.

Doch nicht das Knarren ihrer Türe ließ sie schließlich aufblicken ... sondern der Klang von Schritten. Sie kamen von weiter unten, wo sich ein Pfad zwischen vom Tau noch feuchtem Gestrüpp hinzog. Es war Myriam, in ihren langen Mantel gehüllt. Sie musste wohl nachts fortgegangen sein, während alle am Feuer geschlafen hatten.

Levi sprang gleich als Erster auf, um sie zu begrüßen. "Du hast ja schon wieder dein Schreibzeug in der Hand", rief Myriam ihm fröhlich zu ... "Aber ich wette, dass du noch immer nichts aufgeschrieben hast!"

Der junge Mann kniff die Augenbrauen leicht zusammen. Er wirkte dadurch noch etwas reumütiger als sonst und presste seine Schreibtafel und Pergamentblätter fest an sich.

› "Es ist schwer ... oder eher: Nichts zu tragen ist schwer!", scherzte sie weiter.

Da fingen alle an zu lachen. Myriam war nun auf ihrer Höhe angekommen und nahm einen nach dem anderen sanft in den Arm.

› "Ja, wirklich, Levi", fuhr sie liebevoll fort und nahm ihn bei der Hand ... "Du erinnerst mich auf deine Weise an eine ganz wesentliche Lehre des Meisters."

› "Wieso das denn?"

› "Sehr einfach ... du beharrst darauf, etwas bei dir zu tragen, das du nicht brauchst - und das noch dazu leer ist! Keine einzige Zeile steht dort geschrieben ... Ist dir das eigentlich klar?"

› "Ja, aber ..."

› "Sag, was du willst, Levi. Ich bin mir sicher, dass du gute Argumente vorbringen wirst. Aber ich sage dir, du handelst genau wie wir es im Leben alle tun - so lange, bis uns das Gewicht des Überflüssigen bewusst wird. Jeder schleppt sein

Gepäck mit sich herum - den ganzen Ballast, den man sich aufhalst, als sei er die Luft zum Atmen.

Dieses sperrige Paket lagert jeder, wo er kann: Manche stellen zwanghaft ihren Reichtum zur Schau, andere schmücken sich mit Titeln. Wieder andere lassen ihre Muskelpakete spielen oder verweisen auf das Gewicht, das ihnen auf den Schultern lastet und sie zu 'ernsthaften Menschen' macht. Wir haben alle die Möglichkeit, etwas zu erfinden, das wir mit uns herumschleppen müssen - und das uns im Grunde belastet. Wir sind alle davon betroffen - bis zum dem Tag, an dem wir uns entscheiden, wirklich etwas zu verstehen. Ich nenne das 'die Waffen strecken' - also aufhören, als etwas erscheinen zu wollen."

› "Aber ... liebe Schwester, meinst du denn, wir würden dir nur etwas vormachen, indem wir hierhergekommen sind? Glaubst du, dass wir nicht von Herzen aufrichtig sind?"

› "Moment mal, Eliazar! ... Moment ... Wenn ich sage, 'aufhören, als etwas erscheinen zu wollen', bezichtige ich dich nicht der Lüge! Ich meine damit: Aufhören, eine überflüssige Last zu tragen. Weißt du, die einfachste Methode, sich das Leben leichter zu machen, besteht darin, nicht an die Maske zu glauben, die man trägt. Man muss sie deswegen nicht ablehnen, das meine ich nicht. In dieser Welt trägt man immer irgendeine Maske. Ich möchte nur den Vorschlag machen ... ihr von ferne zuzulächeln."

› "Wieso sagst du, dass wir alle eine Maske tragen? Trägst du auch eine? Und der Meister? Sag nicht, dass auch Er eine aufhatte!"

› "Aber natürlich, Levi ... Er und auch ich, wir tragen beide eine. Er trägt die Maske des Lehrers und ich die der Schülerin, die dann selbst zur Lehrerin wird."

Da erhob sich unter den jungen Leuten aus Caesarea ein großes Gemurmel. Innerhalb kürzester Zeit erfüllte es die ganze Höhle und schwoll so stark an, dass aus einem nahegelegenen Busch ein Turteltaubenpaar aufflog. Vor allem der Junge, den sie Eliazar nannten, war zutiefst schockiert über Myriams Äußerung. Er war fassungslos. Ich hörte, wie er ein paar unverständliche Worte hinwarf. Dann kehrte er seinen Gefährten den Rücken, entfernte sich und riss wutentbrannt ein Büschel Doldenblütler aus, das zwischen den Steinen gewachsen war.

› "Aber, meine Schwester ... meine Schwester!", rief er kurz darauf, fast entschuldigend und kehrte zurück. "Ich verstehe gar nichts mehr ... Wieso sollt ihr eine Maske getragen haben, wenn euer Wort die Wahrheit ist, ... wenn das Licht in euch gedrungen ist und euer wahres Wesen offenbart hat?" Myriam ging auf den jungen Mann zu und legte ihm den Arm um die Schulter.

› "Hat Deine Seele nicht mit dem 'Schein der Dinge' einen Pakt geschlossen, als Du zur Welt kamst, Eliazar? Brauchtest du denn keinen Körper? Hast du nicht eine Rolle zu spielen? Aufgrund dieser Wahrheit trägst du eine Maske! Die ganze Kunst des Meisters, die auch in dir noch schlummert, besteht nun darin, dich mit der Maske, welche die Welt dir gegeben hat, nicht vollständig zu identifizieren. Du darfst dich nicht mehr mit ihr verwechseln - sei sie auch noch so edel und schön.

Darum sage ich dir: Der Lehrer ist sich bewusst, dass er die Maske eines Meisters trägt, sonst könnte er kein Lehrer sein - allenfalls die Illusion eines Lehrers. In einer Welt des Scheins muss sogar die reinste Klarheit etwas materielle Schwere annehmen, um als Überbringer der Liebe auftreten zu können.

Darum müsst ihr euch Folgendes bewusst machen, ihr alle, die ihr mir zuhört: Wenn man sich zu ernst nimmt, schläfert man das Leben ein. Man verletzt es damit. Wem es hingegen gelingt, seine eigene Maske von außen zu betrachten, beginnt mit ihr zu spielen. Er wird dann mit ihr umgehen, wie mit den schönsten Flügeln, die man sich nur denken kann. In diesem Moment ist er nicht einmal mehr Meister ... Er ist das Leben.

Nun, Eliazar ... und ihr alle ... Ja, ihr habt es hier mit einer Maske zu tun - aber mit einer Maske, die sich zärtlich über sich selbst amüsiert und ihre Augen mit ihrem höheren Auge betrachtet.

Und wenn ich sage: “Leg’ deine Schreibtafel weg, auf der ohnehin noch nichts steht”, Levi, so möchte ich dir damit beibringen, hinter deine Maske zu blicken und dich zu fragen, *wer* du eigentlich bist. Wenn du glaubst, dass du hier die Rolle des Schreibers spielst, um später dank einer gelungenen Reise im Namen des Seligen sprechen zu können, irrst du dich gewaltig.

Wer mit seinem Wort nichts weitergibt als sich selbst, der lehrt wahrhaftig.

Schreib’ zunächst mit deinem Herzen und deinem Körper. Wenn deine Hände ganz spontan die rechten Zeichen finden und diese wie von selbst auf die Pergamentrollen gleiten, dann gibst du nicht mehr wieder, was andere gesagt haben. Dann ahmst du nicht mehr nach. Dann bist du durchlässig und kannst das Leben erwecken ...”

Erneut legte sich ein Mantel friedlichen Schweigens über die Höhle. Nur Eliazar entfernte sich wieder ein wenig von seinen Begleitern. Meine Seelenaugen hatten den Eindruck, in seinen Augenwinkeln Tränen blitzen zu sehen. Das war alles. Schließlich kehrte er zu Myriam und den anderen zurück, wie ein Jugendlicher, der sich gegen seine Familie aufgelehnt hat.

› "Denk daran, Eliazar, wer das Eine in sich trägt, hat keine Angst mehr, zur Vielfalt aufzubrechen. Es gibt so viele Wege der Erkenntnis! Unmerklich hattest du begonnen, dir ein Bildnis zu machen und dich auf eine bestimmte Vorstellung festzulegen. Genau darunter leidest du. Nun wirst du nur umso mehr lieben können, weil du dem wahren Wesen des Seins ein wenig näher gekommen bist. Es wird dir jetzt leichter fallen, die Größe und Schönheit seines Spiels zu erahnen.

Aber nun lauscht lieber einmal auf die Stille, die heute Morgen hier herrscht ... Seit ich entdeckt habe, dass sie die Antwort auf all meine Fragen enthält, ist sie meine geistige Nahrung. Oh, ich weiß ... Das ist keineswegs neu ... Das sagen alle! Die Stille hören!

Doch die wenigsten haben verstanden, dass es dabei nicht um Abwesenheit von Lärm geht. Wir sollten vielmehr unsere Aufmerksamkeit auf das richten, was in unserem Inneren so alles vor sich geht und zu uns spricht. Es ist eine ganze Menge, das kann ich euch sagen! In Wahrheit ist es der Meister. Er lehrt uns unablässig - und auch wir selbst bringen uns ständig etwas bei. Da gibt es keinen Unterschied. Denn was in Ihm lebt, lebt auch in uns.

Mein Herz ist ganz erfüllt von dieser Wirklichkeit, liebe Freunde, es quillt über! So ergießt sie sich über die Felsen dieses Gebirges. Darin liegt das Wunder ... Nicht in den

Worten, an die ihr euch in Caesarea wieder ins Gedächtnis rufen werdet und an die man sich noch in Hunderten von Jahren erinnern wird ... sondern in den Momenten der Stille, die sie in uns ermöglichen. Nun lauscht ...”

# Ein Blick auf die 'Liebste'

## Waren Jesus und Maria-Magdalena ... ein Sonnenpaar?

In den letzten Jahrzehnten sind zahllose Bücher über Maria-Magdalena erschienen. Als faszinierende Randfigur weckt sie unsere Neugier. Wir fragen uns, welche Rolle sie in Wirklichkeit wohl gespielt haben mag.

Wer war sie? Wie verhält sie sich zu den offiziellen Aposteln und in welchem Verhältnis stand sie zu Jesus? Wie lässt sich die Nähe der beiden fassen?

Ich selbst habe fast nichts darüber gelesen. Vielleicht ein oder zwei Bücher im Laufe von zwanzig Jahren.

Wenn man von den Bildern aus der Zeit um Christus so erfüllt ist, als sei es erst gestern gewesen, kann das kaum anders sein.

Und so speist sich mein Zeugnis von Myriam von Magdala, das ich hier fortschreiben möchte, wieder einmal aus den Szenen und Lebenssequenzen der Akasha-Annalen. Das Gedächtnis der Zeit stellt sie mir so lebhaft vor Augen, dass es mir schwerfällt, diese als Vergangenheit zu bezeichnen.

Daher solltet ihr die folgenden Seiten lieber als 'heutige Erinnerungen' betrachten.

## Ein freier Geist

Alle Szenen, zu denen ich Zugang hatte, zeigten Maria-Magdalena als temperamentvolle Frau. Sie war von ganz eigener Schönheit und hatte eine Ausstrahlung, die einen nicht kalt lassen konnte. War es ihr strahlender Blick, die völlig ebenmäßige Nase oder die Haltung ihres Kopfes? Jedenfalls gibt es Gesichter, die man nicht vergisst - so auch ihres.

Manchen Leuten mag Myriam arrogant erschienen sein ... vermutlich. Vielleicht war sie das in ihrer Jugend sogar. Ich habe sie oft sehr schlagfertig erlebt. So ist durchaus vorstellbar, dass sie Ironie und Spott gelegentlich als Waffe einsetzte.

Dieses lebhafte Temperament hat bestimmt dazu beigetragen, sie in einer von männlichem Dominanzgebaren geprägten Gesellschaft zur Randfigur zu machen. Der 'Film der Vergangenheit' erweist jedenfalls ganz eindeutig, dass sie keine Prostituierte war, wie die kanonischen Evangelien es uns glauben machen.

Wie ich in einem früheren Werk bereits dargelegt habe[13], gehörte Maria-Magdalena vor zweitausend Jahren einfach zu den wenigen Frauen, die es wagten, ihren Mann zu verlassen. Das war eine absolute Minderheit. Ihr Ehemann war kein Unbekannter - ganz im Gegenteil. Es war Saulus von Tarsus,

13 Vgl. Essener Visionen, von Daniel Meurois, Silberschnur Verlag.

der spätere Paulus, wie aus den Annalen deutlich hervorgeht. In seiner Jugend war er herrisch, zuweilen gar gewalttätig und obendrein Alkoholiker. Als Parteigänger der römischen Regentschaft war er persönlich daran interessiert, den Einfluss Jesu auf das Volk begrenzt zu halten. Er hatte im Machtgefüge des damaligen Palästina Aussicht auf eine erstklassige Stellung. Dass der 'Nazarener' eines Tages vom Volk zum Führer oder Herrscher erklärt werden könnte, gefiel ihm gar nicht.

Als Myriam ihn verließ, war sie noch keine Jüngerin Jesu im eigentlichen Sinne. Doch sie kannte Ihn, Er war ihr Cousin.

In Wahrheit wurzelt ihr schlechter Ruf im Bruch mit den Normen ihrer Zeit. Sie hatte etwas getan, das massiv gegen Moral und Gesetz verstieß. Das machte sie in den Augen der Öffentlichkeit zur Prostituierten.

Diese freiheitliche Gesinnung, ihre Willenskraft, Kühnheit ... und ihr Ungestüm haben die Bindung an Jesus bestimmt mitgetragen. Schließlich machten auch Ihn seine wagemutigen Reden und ständigen Reisen zu einer Randfigur. Sie waren Geistesverwandte, weit über die Familienbande hinaus ... verbunden durch ihre Haltung im 'Sturm des Lebens'.

Wie gesagt, Maria-Magdalena war eine 'emanzipierte Frau'. Um in einem totalitären Umfeld nicht unterzugehen, musste sie lernen, ihr Sein von dieser Last zu befreien und ihre persönliche Unabhängigkeit zu behaupten.

Ihrer Lebhaftigkeit ungeachtet wirkte sie auf den ersten Bildern, die mir von ihr erschienen, ausgesprochen unglücklich. Das war zu Beginn ihrer Annäherung an Jesus. Dieses

Leid war zweifellos ihrem Zwist mit der öffentlichen Meinung und der ständigen Bedrohung durch Saul geschuldet. Als sie Zugang zum engeren Kreis um den Meister fand, veränderte sie sich jedoch sehr schnell.

Ihre schmerzliche, zuweilen sogar aggressive Unabhängigkeit verwandelte sich. Sie wurde viel friedfertiger und selbstsicherer. Myriam lernte, sich nicht mehr gegen die Außenwelt aufzulehnen, sondern sich ihren persönlichen Herausforderungen zu stellen. Diese Umgestaltung ihres Wesens war die Frucht andauernder Arbeit an sich selbst. Sie war fraglos ein entscheidender Faktor für Reife und Erleuchtung, die in ihrem Evangelium zum Ausdruck kommen.

In der Folge hat ihr Leben sie dazu geführt, all ihre Kräfte auf den Aufstieg zu richten und geistiger Erhebung zu widmen. Das Bemerkenswerte an Maria-Magdalena war ihre Fähigkeit, was sie gelernt hatte auch zu verkörpern. Zumindest wirkte das so auf mich. Es gelang ihr sehr schnell, das 'Horizontale' mit dem 'Vertikalen' zu verbinden. So konnte sie in Gesellschaft überaus menschlich auftreten und zugleich einen engen Bezug zum Höheren pflegen, der in bestimmten Verhaltensweisen zum Ausdruck kam. Sie konnte schallend lachen, einen innig umarmen, fest an sich drücken oder auch weinen ... und dann wieder, ins Gebet vertieft, einen durchdringenden Frieden ausstrahlen, der so intensiv war wie schweres Parfum.

Als sie begann, die Lehre Christi in Gallien zu verbreiten, verschaffte ihr wohl gerade diese facettenreiche, etwas widersprüchliche Persönlichkeit viel Zulauf.

Man kann sich kaum einen lebendigeren Menschen vorstellen als sie ... zumal sie sich genussvoll in verschiedenen Welten bewegte.

Freilich waren einige ihrer Äußerungen, aber auch ihr gesamtes Auftreten bis ans Ende ihres Lebens für manche Menschen schockierend. Doch so ergeht es vielen, die am Bewusstseinswandel mitarbeiten. Sie passen nun einmal in kein Schema und sind schwer einzuschätzen.

Im Verlauf von zweitausend Jahren Christlicher Religionsgeschichte wurden Geistesgrößen gerne in festgefahrene Bilder gepresst. Entweder sah man sie als Mystiker mit unerschütterlichem Glauben oder reuige Sünder. So sind höchst karikaturhafte Vorstellungen davon entstanden, wie man 'zu sein hat', wenn die Seele einen Befreiungsschritt macht.

Im Laufe der Jahrhunderte ist dergestalt eine regelrechte Christliche Mythologie entstanden. So kann man es durchaus nennen.

Die Wahrheit sieht freilich ganz anders aus. Es gibt viele Möglichkeiten, die Gegenwart des Geistes greifbar zu machen, die weit über die öden, erstarrten Ausdrucksformen alter Heiligenbilder hinausgeht. Im Übrigen waren die sogenannten Heiligen mitnichten alle Asketen oder blasse Persönlichkeiten ewig ausgeglichener Stimmung. Sie waren keineswegs allwissend und knieten auch nicht unablässig da, mit Heiligenschein über dem Haupt und zum Himmel verdrehten Augen in abgehobene Gebete versunken.

In Wirklichkeit waren sie viel menschlicher und 'geerdeter', als man denkt. Auch Maria-Magdalena gehörte zu diesem Menschenschlag. Sie war Teil jener Seelenfamilie, deren Mission es ist, das 'Unmögliche' aufzubauen, an dem wir alle wachsen.

Körper und Geist waren für sie kein Gegensatz. Das haben alle Bilder, die ich aus der Vergangenheit mitbringen konnte, gezeigt. Alle beide erzählen auf ihre Weise die große Geschichte der Liebe. Entsprechend hatte auch sie eine sinnliche Ausstrahlung - im nobelsten Sinne des Wortes.

Sie hatte keine Angst vor ihrem Körper, sah ihn als Ausprägung der Seele - trunken machend in einen ganz weiten Horizont getaucht.

So sehr sie sich für die Schönheiten dieser Welt begeisterte, so übergangslos konnte sie mit einem Mal ganz verinnerlicht sein, tiefernst, verschlossen und geheimnisvoll. Diese unterschiedlichen Facetten ihres Wesens waren zuweilen irritierend. Für gewisse Leute war sie eine einzige Provokation - mit 'echter Geistigkeit' völlig unvereinbar.

Bedenkt man nun, welch' geringer Raum ihr in den kanonischen Evangelien gewidmet wird, muss man sich doch fragen, wie Maria-Magdalena zu einer so wichtigen Figur werden konnte. Es sieht ganz so aus, als habe sich im Laufe der Zeit um ihre Gestalt ein *Egregor* herausgebildet, der immer größer wurde - genährt vom Einfluss, den sie auf ihre Zeit hatte. Dieser *Egregor* scheint gerade heute zur Reife zu kommen, wie eine Frucht, die uns endlich ihren Saft reichen will.

Maria-Magdalena verkörpert in der Tat ein Symbol. Unsere gegenwärtige Gesellschaft beginnt eben erst es in ganzer Tragweite zu erfassen. Um ihr Leben so betrachten zu können, muss man sich zunächst über verkrustete Vorstellungen und Dogmen einer zweitausendjährigen Religionsgeschichte hinwegsetzen.

Myriam war nicht 'religiös' im engeren Sinne. Sie war eine spirituelle Frau - in der vollen Bedeutung dieses Begriffes. Ich würde sagen, sie war 'kosmisch' - mit allem, was das Wort 'Kosmos' an Materiellem, Immateriellem und ... Unvorhersehbarem beinhaltet. Mit dieser Wahrheit Maria-Magdalenas kommen immer mehr Menschen in Berührung. Davon bin ich überzeugt, selbst wenn es keine Beweise dafür gibt. Wir erahnen es und spüren, dass es Zeit ist, den Schleier ein wenig zu lüften.

## Die Beziehung zwischen Lehrer und Schüler

Nun, da wir an diesem Punkt unseres doch etwas häretischen Portraits angelangt sind, lässt sich die Frage nicht mehr umgehen, welche Bande zwischen Jesus und seiner Jüngerin eigentlich bestanden. Es wäre sicherlich verfehlt, dieser Frage auch heute noch auszuweichen und einfach dem Katechismus zu folgen. Sie muss endlich einmal gestellt werden - ohne alle Tabus ...

Bestand zwischen dem Meister und Maria-Magdalena wirklich nur die Verbindung eines Lehrers zu seiner Schülerin?

Bei der Beantwortung dieser Frage möchte ich mich nicht auf Texte beziehen, seien sie nun kanonisch oder nicht, sondern aus meiner eigenen Quelle schöpfen, nämlich aus der Akasha-Chronik. Dabei bin ich *bis jetzt* auf noch keine Szene gestoßen, die eindeutig belegt hätte, dass die beiden ein Liebesverhältnis miteinander hatten. Einige Situationen wirken aus heutiger Sicht zwar etwas verwirrend, beweisen aber im Kontext der damaligen Zeit noch gar nichts.

So beschreibt etwa das apokryphe Phillipsevangelium, wie der Meister Maria-Magdalena auf den Mund küsst. Dies Detail ist keine gotteslästerliche Fantasie ... Ich habe es durch die Annalen mehrfach mit eigenen Augen gesehen. Allerdings darf man das nicht falsch verstehen ... Im Palästina vor zweitausend Jahren deutete diese Geste nicht unbedingt auf eine intime Beziehung hin. Sie zeugte von Zuneigung, gutem Einvernehmen und Seelenverwandtschaft, also einer Herzensnähe, die jedoch auch nur tiefe Freundschaft sein konnte.

In angelsächsischen Ländern ist sie noch heute recht verbreitet - ohne, dass dabei an Verliebtheit gedacht wird. Zu Zeiten der Evangelien konnten sich auch zwei Männer oder Frauen ohne die geringste erotische Zweideutigkeit küssen. Wieder einmal müssen wir uns also jeglichen vorschnellen Urteilens enthalten. Wir sollten uns endlich abgewöhnen, alles durch das enge Raster der kleinkarierten Moral unserer Kultur zu betrachten.

Vor zweitausend Jahren haben sich die Menschen, namentlich im Mittelmeerraum, viel öfter angefasst als wir heutigen Abendländer.

Man hatte noch keine Angst vor dem Körper und musste nicht ständig über ihn debattieren. Es gab natürlich Verhaltensregeln und Verbote, aber ganz andere als wir sie heute kennen. Eine Frau konnte einen Mann einfach bei der Hand nehmen, ohne dass es als Hinweis auf eine intime Beziehung mit ihm zu deuten war. Dieser zwanglose Umgang miteinander findet sich in afrikanischen Ländern noch heute. Er ist Ausdruck einer seelischen Spontaneität, die noch unverfälscht von gesellschaftlichen Einschränkungen ist.

Entsprechend finden sich Textstellen, die davon berichten, wie der Apostel Johannes, der ja auch ein 'Liebster' war, Jesus den Kopf auf die Schulter legt - ein Detail das heutzutage natürlich Anlass zu Spekulationen gibt, ob zwischen den beiden eine homosexuelle Beziehung bestanden hat.

Diese Annahme zeigt, wie wenig über die mediterranen Sitten der damaligen Zeit bekannt ist. Hingabe oder Zärtlichkeit zwischen Männern - oder auch Frauen - war damals durchaus üblich, ohne dass man etwas dahinter vermuten musste.

Ist es nicht seltsam, dass uns die heutigen, abendländischen Werte als einzig sinnvoll und annehmbar erscheinen?

Obwohl unsere gegenwärtige Gesellschaft angeblich viele Tabus überwunden hat, scheint sie mir mehr denn je auf das Problem ihrer eigenen, noch unreifen Sexualität fokussiert zu sein ... und dies auf andere Kulturen zu übertragen.

Ich weiß nicht, wie weit die Intimität zwischen Jesus und Maria-Magdalena ging. Jedenfalls hatte diese Jüngerin im Umkreis des Meisters einen Sonderstatus. Im vorliegenden Evangelium wird es mehrfach angedeutet ... und was ich erlebt habe, geht in dieselbe Richtung.

Im Übrigen möchte ich darauf hinweisen, dass auf den wenigen Seiten, die uns zur Verfügung stehen, an keiner Stelle ein Apostel etwas gegen die offiziell anerkannte Nähe zwischen Jesus und Myriam einzuwenden hat. Sie erscheint völlig normal, war also mit den Moralvorstellungen der damaligen Zeit vereinbar.

Ich stütze mich dabei nicht auf die Tatsache, dass Maria-Magdalena als 'Liebste' bezeichnet wird. Dieses Wort könnte ja auch eine rein symbolische Bedeutung haben - im Sinne einer Seelenverwandtschaft.

Aufs Ganze gesehen widerlegen meine bisherigen Einsichten in die Akasha-Chronik die Vermutung, dass der Meister und seine Jüngerin ein Paar waren, jedoch keineswegs. Offiziell waren sie es wohl nicht. Dennoch könnte zwischen ihnen eine tantrische Beziehung bestanden haben. In der westlichen Kultur wird Tantra meist nur mit körperlicher Lust in Verbindung gebracht, die nach weisen Regeln eingesetzt wird. Im Grunde geht es aber um etwas ganz anderes.

Tantrismus ist eine sehr anspruchsvolle Disziplin, die eine Verbindung zwischen Körper und Geist anstrebt, um auf eine höhere geistige Ebene zu kommen.

Es ist durchaus vorstellbar, dass Jesus seine Schülerin - nach dem Vorbild gewisser großer Geister des Himalaya - auch auf tantrischem Wege unterwiesen hat, zumal er diesen von seiner siebzehn Jahre währenden Reise in den Himalaya gut kannte.[14]

Wahrscheinlich wussten die Apostel sogar mehr darüber, als man denkt ...

Lässt man diese Vermutung gelten, so ist die folgende Aussage aus dem *Evangelium nach Maria-Magdalena* nicht mehr nur symbolisch deutbar: "Wir alle wissen, dass der Meister dich *anders* geliebt hat als die anderen Frauen." Das wird natürlich Anlass zu Diskussionen geben und die alte Debatte wieder anfachen!

Meiner Ansicht nach liegt das Problem ganz woanders, sofern es überhaupt eines gibt. Man muss die Sache nur mit

14 Vgl. Essener Erinnerungen, von Daniel Meurois, Silberschnur Verlag.

gebührendem Abstand betrachten – in einer größeren Perspektive. Ob der Meister Jesus mit Maria-Magdalena eine physische Beziehung hatte oder nicht, ist für ihre Mission auf Erden doch ganz unbedeutend!

Es wird immer so getan, als ob die liebevolle, körperliche Hingabe an einen anderen Menschen unseren Geist beschmutzt. Welch überkommene Moral! Sie untermauert doch wieder nur die Vorstellung, dass unsere verschiedenen Wirklichkeitsebenen in Gegensatz zueinander stehen. Warum sollten Geist und Materie ständig im Widerstreit liegen? Wieso sollten Jungfräulichkeit und Askese für geistige Erhebung unabdingbar sein? Was ist denn an der Liebe, die zwei Menschen körperlich miteinander verbindet, so 'unrein'? Wieso sollte ihre Seele dabei Schaden nehmen?

Mir scheint, da sind eine ganze Reihe von Vorurteilen am Werk, die seit Jahrtausenden auf unserer Kultur lasten. Es ist Zeit, sich davon zu befreien.

Ist die einzig bedeutsame 'Jungfräulichkeit' nicht vielmehr die Reinheit des Herzens? Klarheit und Offenheit eines Menschen, der fähig ist, rückhaltlos, ohne Hintergedanken, alles Irdische und Himmlische zu lieben, erscheint mir weitaus interessanter als alles andere. Sie ist *der* entscheidende Schlüssel. Wer könnte das guten Gewissens leugnen?

Um auf den Meister Jesus zurückzukommen, möchte ich noch anmerken, dass vor zweitausend Jahren kein Mann in die Synagoge ging, um zu lehren, wenn er Junggeselle war, und in den Evangelien steht doch, dass Jesus in die Synagogen ging, um die Heiligen Schriften auszulegen.

Darüber sollten wir einmal nachdenken, um ein paar Tabus abzulegen und unser Bewusstsein zu weiten.

"Es gibt nicht zwei Arten von Liebe, eine menschliche und eine göttliche, erklärte einst der Pharao Echnaton ... Es gibt die Liebe - das ist alles!"

Diese Lektion haben wir offensichtlich noch immer nicht gelernt. Diese grundlegende Wahrheit nicht anzuerkennen, ist eine unserer größten Schwächen. Indem wir uns ständig dagegen sträuben, schüren wir nur die Dualität in uns ... und damit den Impuls zu urteilen, der immer neue Konflikte heraufbeschwört.

Das vorliegende Evangelium prangert Grenzen an und ermutigt uns, sie zu überwinden. Damit fängt es nämlich schon an. Das breitet sich dann bis in alle Bereiche unseres Lebens aus. Wir zerstückeln unsere Liebe, teilen sie ein und reduzieren sie auf ein paar Formeln oder Verhaltensnormen. So kommen wir aus dem Leiden natürlich niemals heraus.

Die Abschaffung solcher Grenzen ist mein persönlicher Herzenswunsch für unsere Welt. Sie sollte so schnell wie möglich erfolgen.

Die Wiederentdeckung des Originaltextes des *Evangeliums nach Maria-Magdalena* wird dazu seinen Beitrag leisten. Davon bin ich fest überzeugt. Wer es immer wieder liest und sich sanft, von ganzem Herzen, damit verbindet, wird gewiss spüren, ... dass es von jenem unendlichen Ozean erzählt, nach dem sich unsere Seele schon immer sehnt. Es ist an der Zeit zu lernen, dieses weite Meer zu befahren.

# Über den Autor

www.danielmeurois.com

Daniel Meurois wurde 1950 in Frankreich geboren. Er betätigt sich als ein wahrhafter Erforscher neuer Bewusstseinsebenen und ermutigt uns unablässig, die Multidimensionalität unseres Universums auf eine ganz andere Art zu betrachten. Ebenso fordert er uns auf, dass wir - auf der Suche nach unserer Identität - zunehmend eine neue Sicht von uns selbst entwickeln. Doch hinter dem kühnen Philosophen und Lehrer verbirgt sich auch ein authentischer Schriftsteller, dem es sehr an einer Schönheit der Sprache gelegen ist ... damit diese die Schönheit des Lebens entsprechend zum Ausdruck bringt.

Das literarische Werk von Daniel Meurois ist vielseitig, beeindruckend, mitunter auch überraschend, und dabei immer außergewöhnlich und bahnbrechend.

Nicht ohne Grund sind viele der Bücher, die er im Laufe seiner über vierzigjährigen Tätigkeit als Autor geschrieben hat, internationale Bestseller geworden. Seine 45 Bücher und über 200 Veröffentlichungen in 17 verschiedenen Sprachen machen ihn sicherlich zu einem der Pioniere des Neuen Bewusstseins ... zu einem Wahrheitsforscher, der getreu Zeugnis von seiner Arbeit ablegt und dabei mutig das Universum des Geistes erkundet.

Heute lebt Daniel Meurois in der Nähe von Québec und arbeitet unermüdlich daran, die Herzen der Menschen durch seine einzigartige literarische Arbeit, seine Seminare und Vorträge zu öffnen.

Entdecken Sie das Online-Seminar
von Daniel Meurois und Marie-Johanne Croteau

Ein einmaliges Erlebnis, inklusive des dauerhaften Zugangs zu:

- 4 Stunden 30 min. Vortragsreihe des Autors über das Leben Jeshuas.
- **2 BONUSTEILE:** 2-stündiges Seminar mit Daniel Meurois in Israel.

**www.publishvision.de**

Um mehr über dieses umfassende Videomaterial in deutscher Übersetzung zu erfahren und KOSTENLOSE VIDEOAUSSCHNITTE zu erhalten, scannen Sie den QR-Code oder gehen Sie auf die oben genannte Webseite.

Daniel Meurois

**Jesus' Jüngerinnen**

*Das geistige Erbe der drei Marien*

Christus hatte nicht nur männliche Begleiter, sondern auch weibliche, unter denen sich insbesondere die drei Marien hervortaten: Maria-Magdalena, Maria-Jakobea und Maria-Salome.
Nehmen Sie an der Begegnung der drei Frauen teil und lernen sie den Mensch Jesus und dessen Lehren aus weiblicher Perspektive kennen.
Erstaunlich leicht lässt sich Jesus´ Lehre auf die Gegenwart übertragen und kann zum Schlüssel einer geistigen Erhebung werden, die wir in den heutigen, bewegten Zeiten so dringend brauchen.

384 Seiten, broschiert · ISBN 978-3-89845-521-3

Marie Johanne Croteau-Meurois

**Die Wunder der heiligen Jüngerinnen**
**Maria Jakobea & Maria Salome**

Nach dem Tode Jesu und auf der Flucht vor den Römern machen sich eine Gruppe Jünger, unter ihnen die Jüngerinnen und späteren Heiligen Maria Jakobea und Maria Salome, auf eine Reise ins Ungewisse.
Durch die Augen Salome lässt uns die Autorin an wahren Ereignissen teilhaben; von der Schiffsfahrt von Galiläa in die französische Camargue, wo Salome selbst sowie Martha, Miriam und vor allem Jakobea die Heilkunst, die Jesus sie gelehrt hat, praktizieren werden.
Ein Buch, das ein Zeitzeuge ist für das Erbe der heiligen Jüngerinnen und Christi selbst.

256 Seiten, broschiert · ISBN 978-3-96933-023-4

Daniel Meurois

**Die ursprünglichen Lehren Christi**
**und wer Jesus wirklich war**

Erleben Sie den wahren Jesus in seinem alltäglichen Umfeld und erhalten Sie ein völlig neues Bild von ihm, das auch die verborgenen Seiten seiner Lehre beleuchtet. Das Buch zeigt, wie die Wunder, die Christus vollbracht hat, zu verstehen sind, wie er alltäglich außerhalb seiner Lehren lebte, wie sich das Leben seiner Mutter Maria gestaltete, was wirklich nach der Auferstehung geschah, wie seine Worte tatsächlich zu verstehen sind.
Sie werden überrascht sein von den neuen Einsichten und Erkenntnissen und die Lehre Christi ganz neu erfahren.

240 Seiten, broschiert · ISBN 978-3-89845-555-8

Daniel Meurois & Anne Givaudan

**Essener Erinnerungen**

*Die spirituellen Lehren Jesu*

Ein einzigartiges Dokument Zeit über die Bruderschaft der Essener, bei denen Jesus von Nazareth seine spirituelle Unterweisung erhielt, und über das geheime Leben Jesu:
Entdecken Sie das Leben und Wirken der Essener zur Zeit Jesu und erfahren Sie mehr über ihre Bedeutung bei der Vorbereitung der Mission Christi und über die ursprüngliche Botschaft Jesu.

448 Seiten, broschiert · ISBN 978-3-89845-462-9

Daniel Meurois

**Essener Visionen**

*Jesus und das weibliche Feuer*

Mit der Akasha-Chronik zu den Essenern zur Zeit Jesu!
Wir werden Frauen begegnen, die das Leben und die Lehren Christi geprägt haben. Maria, Maria Magdalena, Martha und viele andere stehen für das "heilige Weibliche", eine Weiblichkeit voller Sensibilität, Mitgefühl und tiefem Empfinden. Die kirchlichen Lehren erscheinen in einem neuen Licht, da die christliche Geheimlehre, wie sie vor 2.000 Jahren verbreitet wurde, jetzt wiederbelebt wird.
Ein bewegendes Buch, das sich an die »weibliche Sensibilität« – die der Frau ebenso wie die des Mannes – richtet.

224 Seiten, broschiert · ISBN 978-3-96933-045-6

Daniel Meurois

**Von oben betrachtet**

*Ein überirdischer Dialog mit der galaktischen Bruderschaft*

Durch Daniel Meurois´ Begegnung mit einem Boten der galaktischen Bruderschaft entsteht ein Austausch, bei dem viele Begriffe geklärt werden, die unser Verstand zuvor nicht fassen konnte und der Einblicke in neue Ebenen der Wahrnehmung gewährt und es ermöglicht, in Höhen aufzusteigen, von denen aus gesehen unser Leben eine völlig andere Bedeutung bekommt ...
Damit eröffnet das Buch auch einen Zugang zum Verständnis des Lebens auf unseren Nachbarplaneten ... So kann es den Wandel unseres Bewusstseins vorantreiben. »Von oben betrachtet« wird für alle, die es wagen wollen, ihre inneren Grenzen zu überschreiten, zu einer ganz besonderen Begegnung werden.

304 Seiten, broschiert · ISBN 978-3-89845-629-6

Daniel Meurois

## Jesus. Die unbekannten ersten dreißig Jahre

*Die Zeit des Erwachens*

Alles Überlieferte begann, als Jesus ein erwachsener Mann war, das Wort Gottes predigte und Wunder vollbrachte. Aber was wissen wir über seine Kindheit am Nildelta, seine Studienjahre im Essener Kloster, seine 17 Jahre im Himalaya und die Rückkehr nach Ägypten, wo er in der Pyramide sein Schicksal entdeckt?

Daniel Meurois liefert uns einen Bericht aus der Akasha-Chronik über das Leben Jesu Christi – die wohl geheimnisvollste und bedeutsamste Figur der Menschheitsgeschichte.

480 Seiten, gebunden · ISBN 978-3-96933-044-9

Daniel Meurois

## Jesus. Die wahrhaftige Aufgabe und seine Jahre nach der Kreuzigung

*Die Zeit der Vollendung*

Neben den Wundern, die Jesus vollbrachte, war sein ganzes Leben geprägt von Geheimnissen und Mysterien. Der Autor enthüllt bislang unbekannte Lebensstationen von Jesus, wobei deutlich wird, dass er während seines Erdenlebens eine bedeutende Aufgabe zu erfüllen hatte und mit vielfältigen Herausforderungen konfrontiert war. Dank seiner Einsicht in die Akasha-Chroniken ermöglicht Daniel Meurois uns, Jesus Christus näher zu kommen und besser zu verstehen.

736 Seiten, gebunden · ISBN 978-3-96933-053-1

Daniel Meurois

## Mysterium Gott

*Eine kollektive Biografie*

Wer oder was ist eigentlich Gott? Ist es ein Geheimnis, das uns für immer verschlossen bleiben wird?

Daniel Meurois nimmt uns mit auf einer Reise an die Grenzen der Unendlichkeit. Sie führt von der einzelnen Zelle bis in die Tiefen des Universums und bietet dabei grenzenlose Denkmöglichkeiten.

Mysterium Gott eröffnet uns überraschende Einsichten.

Diese 'kollektive Biografie' ist der Schlüssel zu einem völlig neuen Verständnis des Göttlichen.

208 Seiten, Klappenbroschur · ISBN 978-3-96933-014-2

Marie Johanne Croteau-Meurois

## Der unerwartete Tod und die Geburt in den Himmel

*Erfahrungen einer Seelenbegleiterin*

Was geschieht, wenn jemand ganz plötzlich aus dem Leben gerissen wird, was macht dieser Mensch durch? Wie können wir ihm helfen? Anhand von 12 authentischen Zeugnissen von Verstorbenen, die dieses Leben oft unter dramatischen Umständen verlassen haben, gibt Marie Johanne Croteau-Meurois tiefe Einblicke in Bewusstseinszustände »an der Schwelle «.
Die Autorin vermittelt wertvolle Erkenntnisse und lässt uns an ihren höchst erstaunlichen Erlebnissen teilhaben.
Dieses mit großem Mitgefühl geschriebene und inspirierende Buch ist ein Quell des Trostes und der Hoffnung. Es eröffnet eine ganz neue Sicht auf den »Sinn des Lebens« und die Frage, wie es »nach dem Tod« weitergeht ...

336 Seiten, mit Farbteil, broschiert · ISBN 978-3-89845-609-8

Marie Johanne Croteau-Meurois

## Das Elfentor

*Unsere Verbindung zur Anderswelt*

Treten Sie ein in die Welt der Elfen voller Magie und Licht. Dieses Buch schildert wahre Begebenheiten des Lebens der Elfe Gwenedys, die beschließt, ihre Welt zu verlassen und fortan in der Welt der Menschen zu leben. Durch ihre Schilderungen erhalten wir faszinierende Details des Lebens der Elfen – einem Elfenleben, das weit entfernt ist von den Märchen und Legenden unserer Vorstellungswelt.
Entdecken Sie die zauberhafte Anderswelt, und begegnen Sie wundervollen Elfen, die auch in unserer irdischen Welt ihren Zauber hinterlassen haben ...

192 Seiten, broschiert · ISBN 978-3-89845-534-3

Corinna Thiel

## Die weibliche Urkraft wiedererwecken

Dieses Buch begleitet Frauen, die Änderungen in ihrem Leben und Alltag vollziehen möchten, um sich ein glücklicheres, erfüllteres Dasein zu schaffen.
Entdecken Sie die Botschaften weiblicher Göttinnen und weiblicher Engelenergien. Sie bringen tiefe Wahrheiten des weiblichen Seins an die Oberfläche. Mithilfe dieser Energien finden Sie zu Ihrer eigenen weiblichen Kraft zurück, liebevoll gefördert und angeleitet durch die Hüterinnen des ursprünglichen Wissens einer jeden Frau.

120 Seiten, broschiert · ISBN 978-3-89845-435-3

**Weiterführende Informationen** zu
Büchern, Autoren und den Aktivitäten
des Silberschnur Verlages erhalten Sie unter:
**www.silberschnur.de**

Natürlich können Sie uns auch gerne den
**Antwort-Coupon** aus dem beiliegenden
Lesezeichenflyer zusenden.

Ihr Interesse wird belohnt!